ショーン・エイカー
Shawn Achor

高橋由紀子 訳

幸福優位7つの法則

The Happiness Advantage

The Seven Principles of Positive Psychology That Fuel Success and Performance at Work

仕事も人生も充実させるハーバード式最新成功理論

徳間書店

THE HAPPINESS ADVANTAGE
By Shawn Achor

本書をわが両親に献じる
二人は教師として
「人は誰でもさらに輝くことができる」
という信念を持ち
その実践のために人生を捧げてきた

CONTENTS

装丁・本文デザイン　bookwall
編集協力　Chronicles

まえがき

ちょっと自分の周りにいる人たちを観察してみよう。たいていの人は、学校、会社、両親、社会から、それとなく、あるいははっきりと教えられた、一定の図式に従って生きていることが分かるだろう。いわく、「努力すれば成功する。成功すれば幸せになれる」という図式である。人々がなぜ勉強や仕事などで「がんばるのか」を、この思考パターンが説明している。

多くの人は、「ここで昇給を勝ち取れば」「次の売上目標を達成できれば」「成績がもうワンランク上がれば」「あと三キロ痩せさえすれば」……、もっと「幸せ」になれると考える。いつもこの順序だ。「成功」が先で「幸せ」はあとに来る。

ただしここには問題がある。それはこの図式そのものが成り立たないということだ。

成功が幸せをもたらすのであれば、昇進した社員、入学試験に合格した学生など、何かの目標を達成した人はみな幸せになっているはずだ。しかし実際には、勝利を勝ち取るたびに、成功のゴールポストはさらに前方へと押しやられていく。そうして幸せは、地平の彼方にどんどん遠ざかっていくのである。

さらに重要なことに、この図式が成り立たない理由は、順序が逆さまということだ。ポジティブ心理学と脳科学の一〇年以上にわたる画期的な研究によって、成功と幸せの関係は、普通に考えられている矢印とは逆だということが、明解に証明された。

すなわち、幸せは「成功に先行する」のであり、単なる「成功の結果」ではない。

幸福感や楽観主義は、実際に業績を高め優れた成果をもたらす。幸福感そのものが競争力の源泉となるからであり、私はこの力を「ハピネス・アドバンテージ（幸福優位性）」と呼んでいる。

だから幸せを先送りすれば、脳がもつ「成功の可能性」を狭めてしまうことになる。逆に、脳をポジティブで前向きな状態にすれば、モチベーションが高まり、効率的に働ける。挫折から立ち直る力もわき、創造性が増し、生産的になる。仕事はずっとうまくいくようになる。この事実は、何千という科学的研究によって証明されている。私自身も一六〇〇人のハーバード大学生と、フォーチュン五〇〇に選ばれた世界的な大企業数十社を対象にして行った研究で実証した。

私は本書で、「幸福優位性」になぜそれほど力があるのかを述べるだけでなく、仕事で成功するために、その優位な力をどのように日々活用すればいいかを伝えたいと思う。

やや興奮して話が少し先に進みすぎたようだ。まずは、「幸福優位性」が誕生したハーバード大学において、私がこの研究を始めたいきさつから書くことにしよう。

パート I

職場における
ポジティブ心理学

幸福優位性の発見

私は身のほど知らずにも、ハーバード大学に挑戦した。

テキサス州のウェーコという町で育った私は、そのときまで郷里を離れることなど考えてもいなかった。ハーバードに出願したときでさえ、故郷への愛着は深く、地元のボランティア消防隊員をめざして訓練に参加していたのである。「ハーバード大学」などというところは、映画でしか知らない世界だった。ウェーコの町では「将来うちの子がハーバードに行ったら」というのは、母親たちが面白がって言う冗談である。私の場合も、実際に合格する確率は無限に低かった。将来自分の子どもたちに、夕食のテーブルで「パパは昔、ハーバードに出願したことがあるんだぜ」と何気なく言えたらいいだろうな、というくらいの気持ちだったのだ。頭の中で、想像上の我が子たちが「へえ！」と感心する様子を思い浮かべていた。

ところが、まったく思いがけず合格が決まった。私は天にも昇る気持ちになり、同時にこの天恵に身がすくんだ。そして、こんなありがたいチャンスを決して無駄にするまいと思った。

私はハーバードに行き……そのまま一二年間ずっといた。

実はそのときまで、私はテキサス州から四回しか出たことがなかった。まして国外に出たことなどはない。テキサス人にとって、テキサスの外は外国のようなものなのだ。だが、大学のあるケンブリッジ駅で地下鉄を降り、ハーバードヤードに足を踏み入れたとたん、私はこの地に恋をしてしまった。学部を卒業してもここに残る道を選んだのはそういうわけだ。

大学院に進み、一六のコースで小クラスを教え、それからやがて講義も持たせてもらった。大学院での研究のかたわら、プロクターと呼ばれる学生指導員として働くようになった。学部の学生たちと一緒に寮で暮らし、勉学や生活がうまくいくように支援をする仕事だ。こういうわけで私は、生涯のうちの一二年という長い年月を大学寮で過ごしたのである。

最初にこんな話をしたのは、二つのことを伝えたかったからだ。一つは、ハーバードで暮らせることを、どれほど私がありがたく思っていたかということ。それによって、脳がこの経験をどう処理するかが根本的に変わった。私はハーバードにおけるすべての瞬間を、感謝の気持ちで過ごしていた。ストレスにつぶされそうなときも、試験の最中も、生まれて初めて体験した猛烈な吹雪の中でも、それは変わりなかった。

そしてもう一つは、一二年間も教室で教え、学生寮で過ごしたおかげで、何千人ものハーバードの学生が、大学生活のストレスと試練の中で日々を過ごす様子を余すところなく観察できたということ。この間に、あるパターンが存在することに気づいたのである。

♡楽園の喪失と発見

ハーバード大学が設立されたのと同じ頃、英国詩人ジョン・ミルトンは、叙事詩『失楽園』で、「心はそれ独自の場所である。その中で地獄から楽園を作り出すことも、楽園から地獄を作り出すこともできる」と書いている。

ミルトンの時代から三〇〇年たったいま、私はミルトンのこの言葉が現実となるのを目の当たりにしていた。学生の多くはハーバードで学べることを恩恵だと思っていたが、そうでない学生たちもいて、彼らはその恩恵を見失い、勉強量の多さと競争と、そこからくるストレスのことしか考えなくなっていく。卒業後はいくらでも道が開かれる学位が得られるというのに、将来のことを心配して絶えずいら立っている。小さなつまずきを経験しただけで、洋々たる将来を思って気力を奮い立たせるのではなく、すっかりうちのめされてしまう。私はこういう学生たちの苦戦ぶりをさんざん目にするうち、あることに気づいた。こういうタイプの学生は、ストレスに負けて気分が落ち込みやすいだけでなく、学業成績も振るわないということである。

それから何年か後、二〇〇九年秋に、私はアフリカを一カ月かけて回る講演旅行をした。その折に、南アフリカの企業のCEO（最高経営責任者）でサリムという人が、ソウェトに連れて行ってくれた。ソウェトはヨハネスブルグ郊外にあり、アパルトヘイト政策の中心となった町である。ネルソン・マンデラ、デズモンド・ツツ元大主教など、反アパルトヘイトの偉大なリーダーたちは、ここを「心のふるさと」と呼ぶ。

私たちはスラム街に隣接する学校を訪ねた。電気も満足な水道もないこの学校で子どもたちの前に立ったとき、私は戸惑った。いつもするようなスピーチはまったく通用しない。恵まれたアメリカの大学生や、カネと権力のあるエグゼクティブたちに関する研究や観察について話すのは、あまりに場違いだ。会話の糸口になるような何か共通の経験はないだろうかと迷ったあげく、明らかに冗談だと分かるような調子で、「みんなの中に勉強が好きな子はいるかな？」と尋ねた。

子どもの勉強嫌いはおそらく世界共通だろうから、そこが接点になるかと思ったわけだ。ところが驚いたことに、子どもたちはいっせいに手を上げた。そして心から嬉しそうに顔を輝かせて笑うのである。

あとで私は冗談半分に、「子どもが勉強が大好きとは、妙ですねぇ」とサリムに言った。サリムは「勉強ができるということは、彼らにとって特別の恩恵なんですよ。あの子たちの親で教育が受けられたものはほとんどいないから」と答えた。

二週間後ハーバードに戻ると、ソウェトの子どもたちが恩恵だとする「勉強」について、学生たちが文句ばかり言っていた。現実をどう解釈するかによって、その経験はまったく違うものになる。勉強のつらさやプレッシャーの面ばかりに注目して、やっかい仕事のように考えている学生は、せっかく与えられた素晴らしい機会を逃してしまっている。一方で、高度な教育を受けられることを恩恵だと考える学生は、ますます元気になっていく。

厳しい競争的な環境の中でも、ポジティブな精神状態（マインドセット）を作り上げ、抜きんでていく有望な学生たち、プレッシャーに負けて失敗する学生たち、平均的かそれ以下の状態で行き詰まってしまう学生たち。彼らを分けるものは何なのだろう。

初めは気に留めていなかったこのことに関心が深まるにつれ、私は夢中になって行った。

♡ホグワーツ魔法学校で「幸せの研究」をする

一二年たった後も、ハーバードは私にとって魔法の場であり続けた。テキサスから来た友人を大学に案内すると、彼らは一年生の食堂を見て、「まるでハリー・ポッターに出てくるホグワーツ魔法学校みたいだね」と言う。またほかの美しい建物を見たり、大学が与えてくれる豊富なリソース（資源）や大きなチャンスなどを思って、友人は最後によくこんなことを言う。

「ショーン、こんなところで幸せの研究をしたってしょうがないだろう。ここの学生は幸せ以外の何ものでもないじゃないか」

ジョン・ミルトンの時代、ハーバードにはその宗教的なルーツをしのばせるような校訓があった。「真理、キリストと教会のために」というものだ。だがその校訓はだいぶ前に「真理」という一語に縮められた。ハーバードにはいま多くの真実がある。その一つが、素晴らしい施設が多くあり、一流の教授陣がいて、全米からあるいは全世界から優れた学生がたくさん集まってくるにもかかわらず、「ここには慢性的に不幸な若者が山ほどいる」ということである。

たとえば、二〇〇四年に学生新聞の「ハーバード・クリムゾン」が行った調査によれば、ハーバードの学生の五人に四人が一年間に少なくとも一度はうつ状態に陥ったことがあるという。また二人に一人は、抑うつ状態のために衰弱し、まったく何もできなくなった経験があるという。

この不幸感の蔓延は、ハーバードに限った現象ではない。二〇一〇年一月に発表された全国産業審議会の調査によれば、調査に回答した労働者のわずか四五パーセントしか現在の仕事に満足していないという。これは過去二二年間で最悪の数字である。抑うつ症状がある人の数は、一九六〇年に比べて一〇倍に増えている。

不幸感を訴える年齢は毎年下がっており、これは大学だけでなく全国的に同じ傾向がある。五〇年前、うつ病にかかる年齢は二九歳半からだったのが、現在ではちょうどその半分の一四歳半から始まる。私の友人はなぜハーバードで幸せについての研究をするのかと尋ねたが、私はただひと言「ここが最適なのさ」と答えた。

私の研究は、五人のうちの一人の学生、つまり生き生きと幸せそうに大学生活を送っている学生を探すことから始まった。こういう学生は、幸福感、学業、成績、生産性、ユーモア、活力、レジリエンス（立ち直る力）など、すべてにおいて平均を上回っている。私はこれらの「優位性（アドバンテージ）」がどこから生じるのかを知りたかった。

目に見えない力が他の学生たちの気持ちを引きずり下ろしているときに、彼らはその影響からなぜ逃れられるのだろう。彼らの生活ぶりや経験の中に、何か共通のパターンがないだろうか。それを発見できたら、他の不幸な学生たちに適用して、ストレスが多くネガティブになりがちな中でも達成感や成功体験を与えてやれないだろうかと、私は考えた。そして結果的に、その通りになったのである。

科学的な発見は、タイミングと運によるところが大きい。私が幸運だったのは、三人のメンターに恵まれたことだ。ハーバード大学教授のフィル・ストーン、エレン・ランガー、タル・ベンシャハーで、この三人は「ポジティブ心理学」というまったく新しい分野の最先端の研究者だった。旧来の心理学は、何が人々を不幸にするのか、それをどうしたら「正常」に戻せるのかという点だけに注目していたが、この新しい心理学はそこから抜け出し、何が人々を繁栄させ、成功させるのかという点を、従来と同じ科学的厳密さで追求する。まさにそれこそが、私が知りたいと思っていたことだった。

♡「平均信奉」から脱する

左記のグラフは、一見つまらないグラフだが、私が毎朝張り切って起きる理由がこれである(なんとエキサイティングな人生だろうか……)。そしてこのグラフは、本書で紹介する私の研究の基礎でもある。

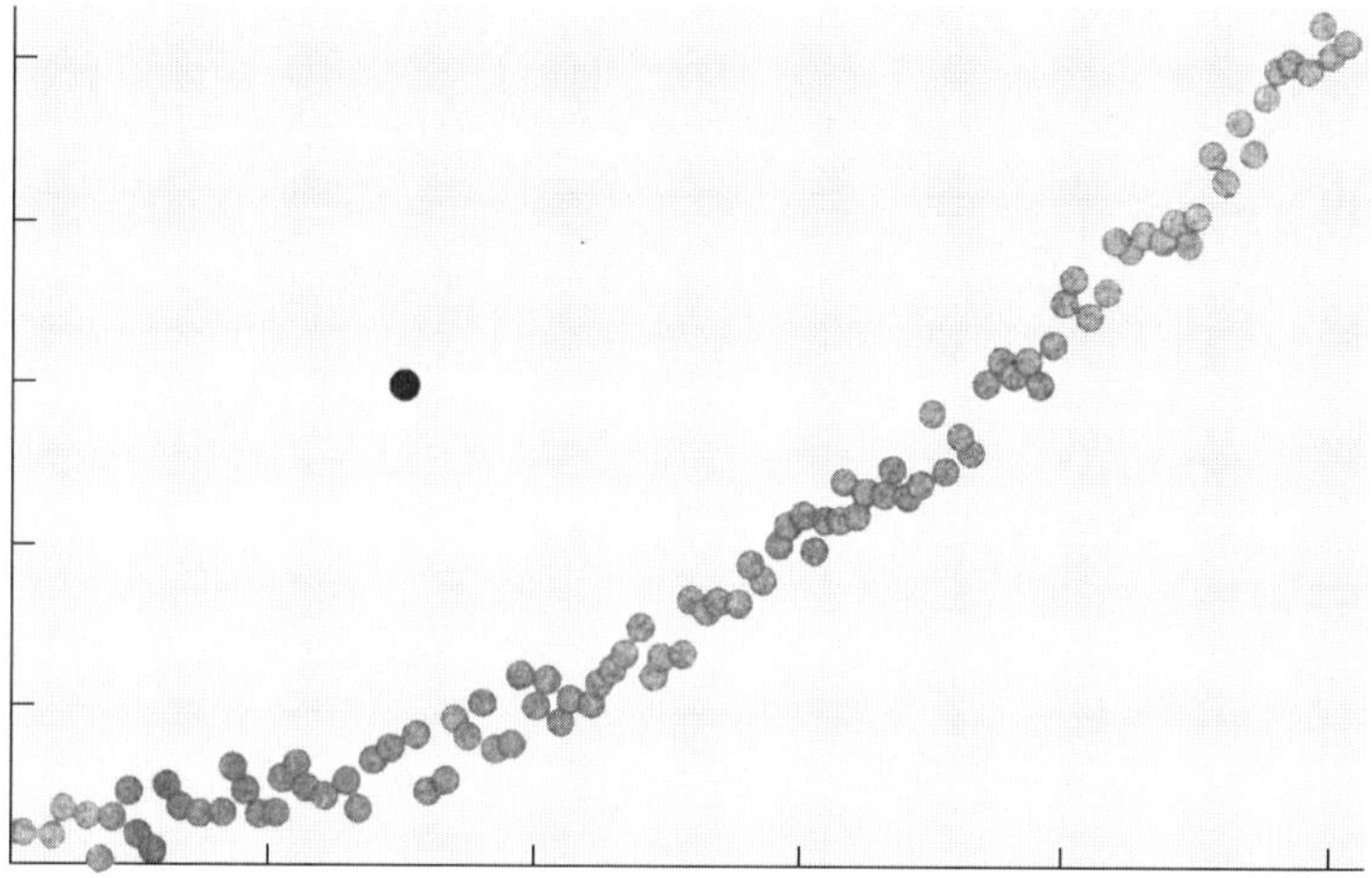

これは、統計の散布図である。それぞれの点は人間を表しており、縦と横の軸は何かの変数を表す。変数をいろいろと変えてみれば、さまざまな統計になる。体重と身長の関係、睡眠時間と体力の関係、幸せと成功の関係など、何にでもあてはまる。

調査の結果こういうデータを手にしたら、研究者はおそらく大喜びである。相関関係が非常にはっきりと表れているので、この結果を世の中に発表することができるからだ。学問の世界では、それが何よりも重要なのである。曲線から離れたところに一つ変わった黒い点（これを私たちは「異常値」と呼ぶ）があるけれど、それは特に問題にはならない。明らかに測定誤差なので、削除してかまわない。データを台無しにしてしまうこういう異常値は、間違いに決まっている。

心理学、統計学、経済学の入門レベルの学生が最初に習うことは、どうやって「データをきれいにするか」である。研究している対象の全体的な傾向を見つけようとする研究者にとって、異常値はせっかくの発見を台無しにしてしまう厄介者だ。だから、こんな場合のための公式や統計パッケージが山ほどあり、画期的な研究に挑む研究者がこういう「問題」を解決する手助けをしてくれる。これは別に「ズル」をするわけではない。相対的な傾向を知りたいだけなら、統計学的に正当な手法である。だが、私の研究はそうではない。

人間の行動を理解しようとするとき、これまでの典型的なアプローチは、「平均的な行動」や「平均的な結果」を探るものだった。しかし私は、この誤った手法が、行動科学に「平均信奉」とも呼べる状況を生み出してきたのだと思う。

たとえば誰かが、「子どもは学校で字が読めるようになるのにどれくらいかかるものか」という問いを発したとする。その質問を科学はこう変えてしまう。「平均的な子どもは、学校で字が読めるようになるのにどれくらいかかるか」――。

そして、早く読める子どもも、時間がかかる子どもも無視して、その「平均的な子ども」向けの授業を設計するのである。これが、タル・ベンシャハーのいう「平均の誤り」であり、旧来の心理学がおかした第一の誤りである。

“平均的なものだけを学ぶなら、我々は平均的なレベルにとどまる”

旧来の心理学は、パターンに合わないという理由で意識的に「異常値」を無視してきた。私はその逆のやり方をめざした。異常値を消し去る代わりに、そこから何かを学びたいと思ったのである（こういう考え方はもともと、アブラハム・マズローが成長点について学ぶべきだと説明したときに述べたものである）。

♡ネガティブに注目しすぎる

心理学研究者の中には、平均値ばかり見ない人たちも確かにいる。しかし彼らは平均値の片側、つまり平均以下の人だけに注目する傾向がある。ベンシャハーは、『HAPPIER——幸福も成功も手にするシークレット・メソッド』の中で、これが旧来の心理学の二つ目の誤りであると書いている。

もちろん、正常以下の状態にある人たちは、最も援助を必要としている人たちだろう。うつやアルコール中毒や慢性的なストレスに陥っている人々を、そこから救い出してやらなければならない。だから心理学者たちは、こういう人たちを正常な状態に戻す方法の研究に、多大な努力を注いできたのであり、その仕事に価値があることは疑問の余地がない。しかしそれでは、単に領域の半分をカバーしたにすぎない。

つまり、うつから抜け出せても、その人が幸せになるとは限らないのだ。不安がなくなれば、すぐに楽天的になれるわけではない。働ける状態まで回復しても、仕事が前よりよくできるようにはならない。悪い点をなくすことだけに注目すれば、単に平均的な状態を得られるだけで、それよりよい状態になるチャンスを見逃してしまうことになる。

“重力を一生研究し続けても、飛べるようにはならない”

一九九八年の時点でもなお、ネガティブ心理学の研究とポジティブ心理学の研究の割合は、一七対一だったということに、ただ驚く。幸せや繁栄に関する研究が一件行われる間に、うつや精神疾患の研究が一七件も行われていたというわけだ。この数字は、心理学研究がいかに偏っているかをよく表している。私たちの社会は、気分が落ち込んだりうつになったりする原因についてはよく分かっているのに、どうやったら幸せになるかについてはほとんど無知なのである。

数年前、そのことを痛感する経験をした。ニューイングランドのとある全寮制エリート校が、「健康週間」にスピーチをしてほしいと頼んできた。テーマを尋ねると、月曜日が「摂食障害」、火曜日が「うつ」、水曜日が「薬物と暴力」、木曜日が「危険な性行為」、金曜日が……という具合である。どこが健康週間だ、不健康週間じゃないか、と私は思ったものだ。

心理のネガティブ面にだけ注目するこういう傾向は、心理学研究の分野や学校に限らず、社会全体に蔓延している。ニュースを見れば、放送時間の大半は、事故、汚職、殺人、虐待などの話題が占めている。ネガティブなできごとにばかり注目していると、この悲惨な状況が現実で、人生はネガティブなものなのだと、脳に思い込ませてしまうことになる。

みなさんは「メディカルスクール症候群」という言葉を聞いたことがあるだろうか。大学の医学部に入ったばかりの一年生は、人がかかる可能性のあるすべての病気や症状について毎日習うために、自分もこれらすべての病気にかかると突然思い込んでしまう。二、三年前のことだが、メディカルスクールに入った義理の弟が電話をかけてきて、自分は「ハンセン病」じゃないかと思うと言った（これは医学部でも珍しいケースらしい）。私はどうやって彼を慰めていいか分からなかった。なにしろ彼は一週間前にも「更年期障害」を経験しており、非常に神経質になっていたからだ。つまり、本書を読みすすめると分かるが、時間と精神のエネルギーを最も多く投入している状況がその人の現実になるのである。

人が経験する精神状態のネガティブな側面だけを研究するというのは、健全なやり方ではなく、科学的に責任あるやり方でもない。一九九八年、当時アメリカ心理学会の会長だったマーティン・セリグマン博士が、いまこそ心理学研究の手法を転換し、人間心理のポジティブ面にもっと注目すべきときだと宣言した。「どうすると悪い状態になるか」ではなく、「どうすればうまくいくか」を研究する必要があるということだ。この瞬間に「ポジティブ心理学」という新しい分野が誕生したのである。

♡幸せに飢えるハーバードの学生たち

二〇〇六年、私はタル・ベンシャハー博士に、博士の「ポジティブ心理学」コースの主任講師としてコース設計と授業を手伝ってくれないかと頼まれた。その頃はまだ、ベンシャハー博士もいまのように世界的に名を知られてはいなかった。ベストセラーになった博士の著書は、その翌年の春に出版されたのである。だから、「経済学理論上級」などを取らずに、無名の教授が教える「幸せ」のクラスを取ることは、成績証明書の汚点になるかもしれないわけで、それでも幸せについて学びたいという学生が一〇〇人もいればたいしたものだ、と私たちは思っていた。

ところが次の二学期間にこのコースを受講した学生は、およそ一二〇〇人にのぼった。勉強が大変なことで有名なこの大学で、学生の六人に一人が受講したのである。学生たちは「飢えている」のだと、私たちはすぐに理解した。

彼らは幸せに飢えている。「将来いつか訪れる幸せ」にではなく、「現在の幸せ」に飢えているのである。彼らはさまざまな恩恵を享受しているにもかかわらず、心が満たされていない――。

こんな学生を想像してみてほしい。一歳にもならないうちから、揺りかごの中で「めざせハーバード」と書かれたベビー服を着せられたり、イェール大の小さな帽子をかぶせられたりする。妊娠前から予約しておいた「よい保育園」に入れられ、それ以来ずっとクラスで上位一パーセントの座を守り、共通テストでも上位一パーセントに必ず入ってきた。さまざまな賞を取り、記録も破った。抜群の成績を取り続けるように励まされるだけではなく、それが当然であると期待される。私が知っているある学生の母親は、その子が幼いときから書いた作文も、レストランの紙マットの裏に描いた絵も、すべて保管している。「将来、記念館に展示されるかもしれないから」というのである。(何というプレッシャーだろう!)

そういう若者たちがハーバードに入学してくる。そして例のホグワーツ魔法学校みたいな新入生用の食堂に誇らしげに足を踏み入れた瞬間、あることに気づいてハッとするのだ。ここにいる学生の半分が、生まれて初めて「平均以下」になるという衝撃の事実である。

私は、指導する学生たちによくこんなことを言う。「私の計算が間違ってなければ、君たちの九九パーセントは、上位一パーセントの成績で卒業できないよ」

学生たちはこの冗談に笑わない。

優秀であれというプレッシャーを受けている学生たちは、当然ながら、失敗したときにはひどい衝撃を受ける。さらに悪いことに、プレッシャーとそれがもたらす抑うつが、彼らを内向きに引き込む。周囲の支えが一番必要なときに、友達からも、家族からも、周りの支援からも離れて引きこもってしまう。食事を抜き、部屋や図書館に終日こもるようになる。たまに憂さを晴らそうとしてパーティに出かけて行くが、楽しむこともできないほど泥酔してしまう。

彼らはあまりに忙しく、勉強のことで頭がいっぱいで、ストレスにまみれ、恋愛すらできない。学部の大学生たちを対象にした私の調査によれば、四年間で恋を経験した回数は平均で一回以下だった。性的な関係に関して言えば、学生一人当たり、相手は〇・五人だったという別の調査結果もある（科学者が出すこういう数字が何を意味しているのか、私にはよく分からないが、恋愛行為の半分までということだろうか）。私の調査によると、優秀であるはずのハーバードの学生の二四パーセントが、自分がいま恋をしているかどうかよく分からないと答えている。

現代社会の多くの人々同様、これらの学生も、一流の教育を受け、素晴らしい機会を手に入れてきた過程で、間違った教訓を身につけてしまったと言っていい。彼らは微積分や化学の公式を学び、多くの名著を読み、世界の歴史を学び、外国語にも堪能になった。しかし、どのように脳のもつ可能性を最大に活かし、生きがいと幸せを見つけるかということを、一度もきちんと教わっていない。

アイフォンなどのスマートフォンを武器にいろいろとインターネットも駆使し、就職に有利な履歴書を書くことばかりを考える。ところがその代償に人生の実体験をしそこなう。成績を上げることを追い求め、仲間や彼を愛する人たちからも離れ、自分にとって本当に必要な周囲のサポートを無視してしまう。その結果、自分自身や周りからの期待の重圧に押しつぶされていく。私の指導する学生の中にも、こういうパターンが繰り返し見られた。

秀才と言われる人たちは、しばしば最も愚かな行為に走る。ストレスがかかると、彼らは成功と幸せにつながる人的ネットワーク、つまり支えてくれる周囲の人との関係を築こうとせず、反対に遠ざかってしまう。周りの人とのよい関係が、最も幸福度を高め、ストレスを軽減し、うつから引き出してくれ、仕事や学業の優れた成果をもたらすことは、ポジティブ心理学の数多くの研究結果が証明している。しかしこれらの学生たちは、苦しいことが続くと図書館の地下の個室に引きこもってしまうのである。

優秀な学生たちが、幸せを犠牲にして成功をめざそうとするのは、彼らもまた「一生懸命努力すれば成功する」「成功したときにようやく幸せが手に入る」とこれまでずっと教えられてきたからだ。「幸せ」というのは褒賞のようなもので、投資信託会社の共同経営者になったり、ノーベル賞を取ったり、議員に選ばれたりしたときにもらえるのだと思っている。

しかし本書がこれから説明するように、心理学と脳科学の最新の研究によって、実はその順序が逆だということが分かっている。人は幸せでポジティブな気分のときに成功するのである。

たとえば、診断を下す前にポジティブな気分になった医師は、普通の気分の医師に比べ、三倍も賢明で想像力がよく働き、一九パーセントも短い時間で正確な診断をすることができる。楽観的な営業マンは、悲観的な営業マンに比べて五六パーセントも営業成績がいい。数学の実力テストの前に幸せな気分になった学生は、普通の気分の学生に比べてはるかによい成績を取る。

“人間の脳は、普通の気分のときでもネガティブな気分のときでもなく、ポジティブな気分のときに最もよく働くようにできている、ということが証明されている”

だが、現代社会に生きる私たちは、成功のために幸せを犠牲にしたつもりで、皮肉なことに成功率を低めてしまっている。がんばるばかりの生活でストレスにまみれ、何が何でも成功しなければならないという膨れ上がるプレッシャーに押しつぶされている。

♡ポジティブ側の「異常値」に注目する

ポジティブ心理学の分野で次々と出てくる研究結果を知れば知るほど、これまで私たちが個人的な、もしくは仕事での成功に関して抱いていた考えが間違いだったということは明らかである。仕事で成功する一番の近道は、脇目も振らずにがんばることではない。また上司として部下にやる気を出させたいと思うなら、大声で命令して社員を怯えさせたり、ストレスまみれにしたりしてはいけない。幸福感や楽観主義に関する画期的な新しい研究がいまや、学問とビジネスの世界の常識をひっくり返しつつある。

私はすぐ、ここに研究の機会を見出した。一部の学生が元気にうまくやっていけるのに、なぜ他の学生はストレスと抑うつに負けてしまうのかという疑問を、この新しい理論が説明できるかどうか、自分の学生を対象にして調べてみようと思ったのである。平均ラインの上部に位置する人々のパターンと習慣を調べれば、平均より上に行く方法が分かり、さらに平均そのものを向上させる方法も突き止められるかもしれない、と私は考えた。

幸い私はこの研究を行う上で独自の恵まれた立場にあった。一年生のプロクター（学生指導員）として、一二年間にわたり非常に近いところから、学生たちを観察できたからである。生活習慣、行動の動機、経験などを観察し、そこから一般化できるどのような学びが見いだせるかを考えた。私は立場上、学生の申請書類をすべて見られたし、入学選抜委員会のコメントも見ることができた。また学生が学問的、社会的に成長していく様子を観察でき、卒業後にどんな仕事についたかも知ることができた。また終わり頃には、一六のコースにおいて、教育助手としてほとんどの学生の成績もつけていた。

試験の結果や書類からだけでなく、さらに彼らを知るために、私は仕事場と化したスターバックスで一人ひとりから話を聞くことにした。一一〇〇人の受講生と、ひとり最低三〇分面談したことになる。その間に私たちが消費したカフェインの量は、オリンピックチーム全員をドーピングで失格にできるほどの量だ。

次に、これらの観察の結果をもとに、一六〇〇人の優秀な学生に関する実証研究を計画した。ハーバードで行われた幸福に関する研究の中でも最大級の規模のものだ。その間も私は、ポジティブ心理学の面白さに夢中になっていった。私の研究室でも世界中の大学の心理学研究室でも、この新しい分野が爆発的に広がり始めていた。多くの研究が行われた結果、試練に満ちた環境でも人一倍うまくやれる人がいる一方で、落ち込んで本来の能力を活かせない人もいるのはなぜかという疑問に、興味深い答えが次々に見つかった。

私が最終的に結論づけたのが、これからみなさんが読もうとしている「七つの法則」である。これは大学生に限らず、ビジネスの世界のすべての人にもあてはまる。

♡七つの法則

膨大な量の調査を終了して分析を終えたとき、具体的で、行動に移すことができ、効果が実証済みの、成功と達成に関わる七つのパターンを特定することができた。

法則1　ハピネス・アドバンテージ

ポジティブな脳は、平常時の脳やネガティブな脳に比べて、生物学的な優位性をもつ。この法則から、脳を再訓練して積極性を高めることで、生産性や業績を改善する方法が学べる。

法則2　心のレバレッジ化

自分の置かれた状況をどのように経験するか、またその中で成功できるかどうかは、マインドセット、すなわち心の持ちようによって絶えず変化する。この法則から、幸せと成功をもたらすてこの力が最大になるように心の持ちよう（てこの支点）を調整する方法が学べる。

法則3　テトリス効果

ストレスや悪いことや失敗にばかり注目するパターンが脳の中に出来上がってしまうと、挫折への道に自らを追い込むことになる。この法則から、脳を再訓練して肯定的なパターン（ポジティビティ）を探せば、どんな状況からもチャンスが見出せるということが学べる。

法則4　再起力

挫折やストレスや困難のさなかでも、人の脳はそれに対処するための道を考え出す。失敗や苦難から立ち直るだけでなく、その経験があったからこそ、より幸せになり成功をつかむ道を見出せるということがこの法則から学べる。

法則5　ゾロ・サークル

大きな試練に圧倒されると、理性が感情に乗っ取られてしまう。まず達成可能な小さなゴールに注目してコントロール感覚を取り戻し、それから徐々に範囲を広げて大きなゴールを達成する方法を、この法則から学ぶことができる。

法則6　二〇秒ルール

人間の意志の力には限界がある。いい方向に変化してもそれを持続させることは難しい。

意志の力が尽きれば、もとの習慣あるいは「最も抵抗の少ない道」にずるずると戻ってしまう。この法則から、エネルギーの調整によって、別の道を「最も抵抗の少ない道」にし、悪しき習慣をよい習慣に置き換える方法を学べる。

法則7　ソーシャルへの投資

試練とストレスに見舞われると、身を丸めて自分の殻の中に閉じこもってしまいがちだ。しかし最も成功している人々ほど、友人、同僚、家族との人間関係を大事にして、それを推進力としている。この法則からは、成功と卓越をもたらす大きな因子、人のネットワークにもっと投資する必要があることを学べる。

これら七つの法則を学んだ学生たちは、困難を乗り越え、悪しき習慣をよいものに変え、より効率的、生産的に勉強ができるようになった。そして多くが、与えられたチャンスを存分に活かして目標を達成し、潜在的な可能性を発揮したのである。

♡象牙の塔の外

学生たちを対象にした研究も面白かったが、私が本当に望んでいたのは、この「七つの法則」

が、実社会のビジネスパーソンにも幸せと成功をもたらすものかを知りたいということだった。学問の世界とビジネスの世界のギャップに橋を架けるために、私は「アスピラント」という小さなコンサルティング会社を設立した。企業やＮＰＯを対象に研究成果を試すためである。

そのわずか一カ月後、世界経済が破たんした。

職場における幸せと成功

二〇〇八年秋、ジンバブエのサバンナ上空を飛びながら、私は突然不安に襲われた。ジンバブエは金融システムが破たんして大きな打撃を受けたばかりである。また言うまでもなく、ロバート・ムガベという独裁者が支配する国だ。この国の人たちに、どんなふうに「幸福の研究」の話をすればいいのだろう。

首都ハラレに到着すると、地元のビジネスリーダーたちが、私を夕食に連れて行ってくれた。ろうそくの薄明かりの中で、一人がこう尋ねた。

「エイカーさんには、一兆ドル長者の知り合いが何人くらいいますか？」

私は冗談だと思って「そんな人はいませんねえ」と答えた。すると彼は「一兆ドル長者は手を上げて」と言う。驚いたことに、食卓を囲んで床に座っていた全員が手を上げた。私の唖然とした顔を見て、別の人がこう言った。「驚くほどのことはありませんよ。私が最後にジンバブエドルを使ったとき、チョコレートが一兆ジンバブエドルだったんですから」

ジンバブエの通貨は完全に崩壊していた。金融機関はどこも生き延びるのに必死だ。なにしろ一時期、物々交換制に戻ってしまったくらいである。そんな状況下、度重なる危機の衝撃で脳しんとうを起こしている人たちの耳に、私の話が届くのだろうかとも思った。

ところが人々は、私の「七つの法則」の話を、どこの聴衆よりも熱心に聞いてくれた。彼らはこの試練を乗り越えてより強靭になりたいと願っていて、そのためには、これまでと違うまったく新しい方法が必要だということを知っていたのである。

♡ビジネスの世界

あれ以来私は、ポジティブ心理学の「七つの法則」が、好不況を問わずビジネスの世界においても非常に有用だということを確信した。その必要性が、経済が破たんしたことによってよりいっそう明確になったからだ。心身の健康を保つためだけではなく、活力、生産性、有能さが最も求められているいま、それらを最大限に引き出して危機に立ち向かうためである。これまで揺るぎないと思われていた業界からも、私の話を聞きたいという依頼が相次いだ。

それから一年、私は五大陸にまたがる四〇カ国の企業で講演を行った。そしてハーバードで成功をもたらした「七つの法則」が、あらゆるところで効果を表すのを目にした。

これまでほとんど旅行すらしたこともなかったテキサス生まれの私は、世界中でじつに多くの多様な人々と会い、謙虚にならずにはいられなかった。誰しもさまざまな形の幸福や困難、さらには困難から立ち直った経験を持っている。この一年は私にとって、大いなる学びの旅でもあった。危機の最中にアフリカや中東に旅したこの時期に、私は一二年間大学にこもって勉強したときよりも、幸せについて多くを学んだと思う。

本書は、これまでの学びと調査結果の集大成である。ウォールストリートの投機家にも、タンザニアの学校教師にも、ローマのセールスパーソンにも、危機によって磨きをかけられたこの「七つの法則」は、歩を進める上で役に立った。

二〇〇八年一〇月、私はアメリカン・エキスプレスに招かれ、副社長たちを前に講演を行った。大手保険会社ＡＩＧが連邦準備制度理事会の救済を受けることに決まり、リーマンブラザーズが破たんし、ダウの記録的な大暴落が起きた直後のことである。会議室に入って行くと、誰の表情も険しかった。疲れた様子のエグゼクティブたちが、青ざめた顔で私の方を見た。

たいてい講演の開始前には、ブラックベリーなどの携帯情報端末が間断なく音を立てているものだが、それさえも黙りこくっている。私の「幸せについて」という九〇分の講演が始まるたった三〇分前に、大規模な人員削減、上層部の組織変更、銀行への再編などが発表されたのである。

私は、ジンバブエのときと同様に、これほど動揺し狼狽している人たちは、自分の話が耳に入る状況じゃないと思った。

ポジティブ心理学の話など間違っても聞きたいと思わないだろうと思ったのである。ところがこのときもまた、彼らはこれまでのどの聴衆よりも真剣に熱心に聞いてくれた。九〇分の講演時間は三時間近くに延長され、エグゼクティブたちはそのために、後の予定をキャンセルしたり会議を延期したりした。

ハーバードの私の講義に出席した一〇〇〇人超の学生と同じように、そこに集ったきわめて優秀な金融マンたちも、「幸せの新しい科学」について知りたがった。そしてそれを活かして仕事の成功に結びつけたいと、切実に思っていたのである。

「幸福優位性」をビジネス界で最初に取り入れたのは、世界最大の金融機関数社だった。彼らが最初に金融危機の打撃をこうむったからだ。私は、最も被害の大きかった大手投資銀行の何千人もの上級マネジャーや経営陣を対象に、「七つの法則」の研究と指導を行った。それから、被害が大きかった異業種の企業に対象を広げた。あのときは、時代も聴衆も「幸せ」とは縁遠いように思えた。しかしどの業界のいかなる企業も、組織内のランクを問わず、人々はポジティブ心理学に抵抗を示すことなく、心を開いてそれを活用する方法を学び、仕事のやり方を見直す努力をしてくれた。

♡ストレスに対する予防接種

ちょうど同じ頃、研究者たちはポジティブ心理学の「メタ分析」を終えていた。これは「幸せ」に関するすべての入手可能な科学的研究を集めて分析するもので、世界中の合計二七万五〇〇〇人を対象にした二〇〇以上の研究が統合された。それによって見出された結果は、私が教えていた「七つの法則」に完全に適合した。つまり、仕事、健康、友情、人間関係、創造性、活力などすべての分野において、「幸せが成功に先行する」ということである。これに勢いを得た私は、この法則をさらに他の人たちにもあてはめてみたいと思った。

たとえば、税理士たちはふだんからあまり幸せそうには思われていないが、彼らの「幸福度」「健康状態」「立ち直る力」が、納税シーズンの最大のストレス下でも改善できたなら、「七つの法則」の効果が確認できると思ったのである。私は、二〇〇八年一二月、納税シーズンが始まる前に、大手会計事務所KPMGの二五〇人のマネジャーに、三時間かけて「七つの法則」のトレーニングを行った。それから、最もストレスがかかる時期に、ネガティブな状況に対する予防効果が出ているかどうかを見に行った。テストの結果は、明らかな即効性を示していた。トレーニングを受けた税理士たちは、受けないグループと比較して、人生に対する満足感が高く、ストレス度は低かった。

UBS、クレディ・スイス、モルガン・スタンレーをはじめ、多くの巨大投資銀行においても結果は同様だった。近代史上最大の不況に見舞われたこれらの会社では、出張に飛行機を使うことまで禁止した。できるだけ引き締めて生き残りをめざすという、まるで戦時のような姿勢である。だが幸い、彼らは「幸福優位性」の研究とトレーニングの予算は削らなかった。これらの企業のリーダーたちは、会社をこの厳しい状況から立ち直らせるのに必要なものは、仕事上の専門技術だけではないということを理解していたのである。

ほどなく、私のもとにはロースクール（法科大学院）や弁護士事務所からも、講演の依頼が入り始めた。ある調査によれば、弁護士たちは他の職業の人たちに比べ、うつ病になる割合が三倍以上である。ロースクールの学生たちもまた、精神疾患を発症する可能性が危険なほどに高い。

私の知っているハーバード・ロースクールの学生たちは、教育学科の小さな図書館へ行って勉強するのだと言っていた。ロースクールの学生たちと同じ部屋で勉強していると、誰も口を利かなくても、まるで受動喫煙のように、ネガティブなストレスが漂ってくるのだという。

この憂うべき現実に対処するために、私は全国の弁護士や法科の学生たちのグループに「七つの法則」を講義した。心をポジティブな状態にすることによって競争優位性を得る方法や、支援のネットワークを築いて不安に打ち勝つこと、図書館中に蔓延する負のムードに感染しない方法などを教えたのである。ここでもその驚くべき効果はたちまち現れた。受講者たちは、仕事や勉強の重圧にも、不可能な期待にもめげず、「幸福優位性」を使ってストレスを減らし、学問や専門分野でより高い成績を上げたのである。

♡吉報を広める

ポジティブ心理学の急激な発展にもかかわらず、その画期的な発見の多くはいまだに世の中に知られていない。私が学部の一年生だったとき、恩師のベンシャハー博士が、学術誌に載った博士論文を読んでくれる人は平均して七人だと言った。おまけに、その七人には研究者の母親も含まれているという。つまりこの手の研究論文を読んでくれるのは、実際には六人だけ。これはあまりにがっかりさせられる数字だ。人間の脳がどうすれば最もうまく働くか、どうすれば他者とうまく関われるかということが、心理学の分野で日々発見されているというのに、その結果をたった六人の読者と、執筆者の母親しか読まないというのである。

各地を旅行するうち、ビジネス界や専門的職業の人々には、ポジティブ心理学に関する画期的な発見のほとんどがいまだに知られていないということが分かってきた。耐えがたいストレスに苦しむ弁護士は、この職業がもたらす害から自分を守るテクニックがすでに開発されているということを知らない。都市の学校の教師たちは、生徒を最もうまく指導できる二つのパターンを特定した研究があることを知らない。フォーチュン五〇〇企業の多くは、一世代も前に効果がないことが実証された「インセンティブ・プログラム」をいまだに使っている。

こうした人たちは、成功をつかむ大きなチャンスを逃している。CEOの能力をいまより一五パーセントも高める方法が発見されており、顧客満足を四二パーセントも高める方法が実証されているのに、そういう情報をたった一握りの専門家だけが知っているというのではまったく意味がない。これを世の中のすべての人に知らせるべきだ。本書のポイントはそこにある。読者のみなさんにポジティブ心理学の成果を伝え、この「七つの法則」をどう使えば、専門分野においても職場においても競争優位性を得られるかということを、知ってもらいたいのである。

♡誤った信念を捨て、仕事の成果を上げる

本書の中心となる「七つの法則」は、ここ二〇年ほどの心理学の革新的な研究に基づいており、そこに私自身の「幸せと成功の関係」に関する研究結果を肉づけしたものである。この法則は、国際的金融マン、小学生、外科医、法律家、公認会計士、国連大使など、ありとあらゆる範疇の人たちを対象にした私の仕事を通じて、実地に検証され、改善を繰り返してきた。これらのツールは、職業や立場にかかわらず誰もが、日々の仕事を成功させるために使うことができる。

「七つの法則」が有効なのは、仕事の環境だけではない。仕事と生活の両面において効力を発揮する。苦境を乗り越え、悪しき習慣をなくし、より有能で生産的になり、チャンスを最大に活かし、大きな目標を達成することができる。つまり、日々の暮らしがいろいろな面で好転するわけだ。

これらの法則は、ハッピーフェイスのお面をかぶることを勧めるわけではない。いわゆる「ポ

ジティブ思考」をして、問題が消えてなくなることを期待するのではない。その問題がないかのようにふるまうことでもない。すべてがバラ色になると言っているのでもない。

ここ数年間に私が学んだことは、そうした思い込みは幻想だということだ。ある大手金融機関の幹部がこう言って嘆いたことがある。「いまは午後一時だけど、今日はもう六回も、会社は角を曲がった（危機を脱した）という言葉を聞いたよ。六回も角を曲がったら、自分がどこにいるのか分からなくなってしまう」

「幸福優位性」は、従来とは違う地点から出発する。現状について現実的であることを要求しながら、将来の可能性を最大にしようとするものだ。そのために、マインドセットと行動をどのように養うかを学ぶ。これが大きな成功と満足をもたらすことは、実際に証明されている。これは新しい「仕事観」と言ってもいい。

〝もう変わらなくていいと信じることが幸せなのではない。自分は変われると思うことが幸せなのである〟

人は変わることができる

ひとつなぞ解きを考えてみよう。

あなたはいま、チタニウムの格子がはまった檻の中に閉じ込められている。檻の中には何もない。生き延びるためには、一時間ごとに二四〇個の小さな食べ物の粒を摂取しなければならない。しかしその粒は檻の外のごく小さな穴の中に置かれている。格子のすきまから手を伸ばして穴の中の粒を一つつまみあげるのに三〇秒かかる。その時間を縮める方法が分からない限り、必要とする栄養の半分しか取ることができず、次第に飢えて最後には死んでしまう。どうしたらいいだろう。

答えは、この作業をつかさどる脳の範囲を広げて、食料をもっと早くつまみあげられるようにすることだ。

そんなことは不可能だって？　いや、そうとも限らない。この問題は、ある有名な脳科学の研究に基づいている。ただし実験の対象は人間ではなく、リスザルである。サルたちは、約五〇〇回の思考錯誤の末に、食料をつまみあげることに熟達した。餌の入った穴を次第に小さくしていっても、ちゃんと上手にできるようになった。作業がどんどん高度になっても、練習によってそれを克服していったのである。ピアノを習い始めた子どもが音階をだんだんうまく弾けるようになるのと同じだ。

こういうことは、私たちにも感覚的に納得できる。「練習が完璧を生む」というおなじみの格言もある。だが本当に興味深いのは、餌をつまみあげるのがどんどん速くなっていったときに、サルの脳の中で実際に何が起こっていたのかを、科学者たちが見きわめたということだ。

研究者たちは、サルの頭の適切な位置に電極を取り付け、サルが難問に直面したときに何らかの動きが表れる脳内の場所を特定した。そして、サルが何度も餌に手を伸ばすときの脳の動きを観察した。実験の最後に脳をスキャンすると、その行動によって活性化した脳の皮質分野が、実験前の数倍に広がっていたことがわかった。

つまり単に練習をしたことによって、作業をやり遂げるのに必要な脳の特定部分が、文字通りに拡張したことになる。進化の過程で無数の世代を経てそうなったわけではない。たった二、三カ月の間に、ただ一つの実験によって拡張したのである。

「そりゃ素晴らしい、でもそれはサルの場合でしょう。うちの会社はサルを雇うわけじゃないし」とみなさんは言うかもしれない。しかし、最新の脳科学の研究により、このプロセスは人間でもまったく同じであることが証明された。

♡神経の可塑性について

「私は不幸に生まれついている」「歳を取ったら新しいことは覚えられない」「ひねくれ者は終生ひねくれ者だ」「女は数学ができない」「私はユーモアのセンスがない」「彼女はスポーツの才能がある」——。

世間一般ではこういう言い方をよくする。人の可能性というのは生物学的に決まっていて、脳はひとたび成熟したらもう変わらないという考え方である。

もしポジティブな変化を持続的に起こすことができないのであれば、本書は、残酷な冗談でしかないことになる。すでに幸せで成功している人を祝福するだけで、そのほかの人にとっては何の役にも立たない。幸せが成功のもとになるなどという発見は、もし私たちがいまよりも幸せになれないのであれば、何になるだろう。

私たちが単に「遺伝子が組み合わさったもの」でしかないという考え方は、近代の文化における最も有害な神話である。一セットのあらかじめ決まった能力を持って生まれてきて、人間性も脳の中身も変えられないなどというのは、実に陰湿な考え方だ。これには科学者たちに、責任の一端がある。科学者は、人は変わることができるという実態を目にしていながら、何十年にもわたってそれを認めることを拒んできたからである。

そのことを説明するために、まずはみなさんをアフリカへお連れしよう。

♡アフリカのユニコーン

古代エジプトの彫刻や文書には、半分シマウマで半分キリンという不思議な生物が描かれている。一九世紀、英国の商人たちがこの彫刻を見て、これを「アフリカのユニコーン」と呼んだ。生物学的にありえない想像上の生物という意味である。しかし、コンゴ盆地の原住民たちは、まさしくこの動物が森の奥深くにいるのを見たと言い張った。近代的な遺伝子学の助けを借りるまでもなく、英国の探検家たちはそんなことは馬鹿げていると思っていた。キリンはシマウマと交尾しないし、子孫を残すことはない(シマウマは、キリンに好感をもつかもしれないが、性的に惹かれないということだ)。西洋の生物学者たちは、このような神話上の生物がありうると考える原住民たちの無知と迷信を鼻で笑っていた。

一九〇一年、勇敢な探検家、ハリー・ジョンストン卿は、ドイツの探検家によって連れてこられたピグミー族の原住民と出会った。原住民たちがひどい仕打ちを受けているのに驚いたジョンストンは、多額のカネを払って彼らを自由にしてやった。原住民たちは感謝して、彼に「アフリカのユニコーン」のものだと言って、動物の生皮と頭蓋骨を贈った。それをヨーロッパに持ち帰ると、予想通り人々は彼を笑い者にした。アフリカのユニコーンの毛皮であるはずがない、そんなものは実在しないのだからというのだ。ジョンストンが、動物は見ていないが、ピグミーが足跡を見せてくれたと抗議しても、科学者たちはそれを無視した。それからしばらく、ジョンストン卿は頭がおかしいという噂まで立った。

その後一九一八年に、野生のオカピが生け捕りになって、ヨーロッパで公開された。これはまさにキリンとシマウマの交配種であった。それから一〇年後、ベルギーのアントワープで初めて交尾によるオカピが生まれた。現在では「神話のような」オカピは、世界中の動物園で見ることができる。

一九七〇年代、ダライ・ラマは、思考だけで脳の構造を変化させられると言った。近代的なfMRIなどの脳のスキャンの助けを借りるまでもなく、西洋の科学者たちはこれを馬鹿げたことだと考えた。「脳を変化させられると信じることは気分がいいことかもしれないが、それは単なる神話である。たとえ脳が変化するにしても、単に思考や意志の力で変えることはできない」と彼らは言った。二〇世紀の終わりまで、人の脳は、思春期以降は固定化し変わらないというのが、ほとんどの研究者の普遍的な考え方だった。「神経の可塑性」という概念、つまり脳には適応能力があり、生涯を通じて変わることができるという考え方は、まさに「西洋のユニコーン」のようなものだったのである。

その後二、三年して、何人かの研究者がこの「西洋のユニコーン」の足跡を見出し始めた。今度はオカピの頭蓋骨の中ではなく、タクシー運転手の頭の中にカギが見つかったのである。ロンドンのタクシー運転手の脳の研究をしていた研究者たちが、これまで想像もできなかった事実を発見した。タクシー運転手の脳の海馬が、一般の人と比べて非常に大きいということだ。海馬というのは空間記憶をつかさどる部分である。

　どうしてこういうことが起きるのだろう。その答えを知りたくて私は、ロンドンのタクシー運転手に会いに行った。ロンドンの道路は、ニューヨークのマンハッタンや首都ワシントンＤＣのように碁盤の目になっていない。ロンドンで道を探すのはビザンチンの迷路を行くようなもので、頭の中に広大な空間地図を持つ必要がある、とその運転手は言った。それが非常に難しいため、ロンドンのあの黒いタクシーの運転免許を取るためには「ザ・ナレッジ」と呼ばれる道案内テストにパスしないといけないのだという。

　みなさんは、タクシー運転手の大きな海馬にはあまり興味がないかもしれない。だが人の生き方が脳を変化させる可能性があるというこの発見によって、科学者たちは「神経の可塑性」という「神話」に正面から向き合わざるを得なくなった。脳が思春期以降は不変であるということをかたくなに主張していた科学者たちは、このデータに直面して、非常に間の悪い選択を迫られることになった。選択肢は二つしかない。

①ある人たちは遺伝的に大きく発達した海馬を生まれつき持っていた。それは将来ロンドンのタクシー運転手になることが分かっていたからだ。
②迷路のような街で長い間タクシーを運転したことによって、海馬が発達した。

脳をスキャンする技術が発達して正確に調べられるようになると、「西洋のユニコーン」の足跡は次々に発見された。たとえば、ここにロジャーという名の男がいる。普通に成長してきたが、高校生のとき、科学の実験中に劇薬がはねて目に入り、失明してしまった。そのためロジャーは、点字を読むことを学ばなければならなくなった。人さし指で点字に触って読みとるのである。

ロジャーのような人の脳をｆＭＲＩでスキャンすると、驚くべきことが分かる。点字を読まない方の手の人さし指をつついても、脳には特に変わったことは起きない。狭い範囲が光るだけで、普通の人のどれかの指をつついたのと同じ程度である。ところが、点字を読むのに使う人さし指をつつくと、大脳皮質のかなり広い範囲が光る。まるで脳の中にハロゲンランプがピカピカ光っているようになる。

この現象を説明するのに、科学者たちはまた、二つの選択肢のうちのどちらかを選ばねばならなかった。

①我々の脳は非常に賢く、生まれたときから高校の科学実験の失敗を予期して、利き手の人さし指に神経を張りめぐらせておいた。
②我々の脳は行動や環境に応じて変化する。

これら二つのケースの答えは明らかで、誰にも間違えようがない。脳は変化するのである。かっては不可能と思われていたことが、いまは誰もが知っている事実となり、最新の神経科学の研究がそれを厳密に裏付けている。この発見の影響は、次々に波及して広がった。脳には持って生まれた可塑性があるということが確認されれば、私たちの人間的、知的成長にもまた、可鍛性（鍛えて変えることができる性質）があるということになる。

このあとパートⅡで述べるように、脳の配線を変化させることによって脳をよりポジティブに、クリエイティブに、弾力的に、生産的にする方法が、さまざまな研究によって数多く発見された。それによって人は、あらゆるところにチャンスを見出せる。さて次の問題は、思考、日々の行動、態度などが脳を変化させるのであれば、どれくらいの変化が可能なのかということだ。

♡「可能性がある」から「可能である」へ

人は何ケタまでの数字を覚えることができるか。人はどこまで背が高くなれるか。人はどれだけのカネを稼ぐことができるか。人はどのくらい長く生きられるか。「ギネスブック」には、これまでに達成された人間の可能性の上限が数多く記録されている。しかし、「ギネスブック」は過ぎ去った記録にすぎない。つまりこれまでに達成された上限を記しているだけで、どこまで可能かを語ってはいない。だからこそひっきりなしに更新されなければならない。

記録というのは破られ続けるもので、永遠に時代遅れなのである。

英国の中距離ランナー、ロジャー・バニスターの素晴らしい記録を見てみよう。一九五〇年代、学者たちは厳しいテストと人体構造の数学的な計算により、「人間は一マイル（一六〇〇メートル）を四分以下で走ることはできない。物理的に不可能」と結論づけた。しかしロジャー・バニスターという走者が現れ、一九五四年に、一マイルを三分五九秒四で走れることをあっさりと証明してしまった。

バニスターが「想像上のバリア」を破ると、堰《せき》を切ったように、毎年多くのランナーが次々に四分の壁を破った。しかもそのたびに記録は縮んでいった。果たして人間は一マイルを、あるいは一〇〇メートルやフルマラソンを、どのくらい速く走る潜在的可能性をもっているのだろうか。それは誰にも分からない。だからこそ私たちは毎年、世界新記録が出るのではないかと、息をのんでオリンピックのレースを見つめるのである。

私たちには、人間のもつ可能性の限界は分からない。人がどのくらい速く走れるか分からないように、またどの学生が将来ノーベル賞を取るか分からないように、人の脳がどこまで成長できるか、あるいはどこまで環境に適応して変化できるか、どれほど大きな可能性があるのか、いまはまだ分からない。ただそういう変化が可能であることは分かっている。本書のここから先に書かれていることは、「幸福優位性」を得られるように脳を変化させるには、どうすればいいかということである。

♡持続するポジティブな変化

変化が可能であるなら、次の質問は、それがどのくらい続くかということだろう。「七つの法則」を使えば、持続する真の変化が生活の中に生じるのだろうか。答えは「イエス」である。パートIIの各章を読めばお分かりいただけるが、幸せのベースライン（基準となるレベル）を持続的に上昇させ、ポジティブな心構えを取り入れるための方法が、科学的研究によって数多く実証されている。

本書は幸福の優位性を説く。だから、人はもっと幸福になれるとか、悲観主義者も楽観主義者になれるとか、ストレスのためにネガティブになった脳がそこから抜け出す道を見出せるというのはすべて、単なる口先の励ましではない。幸福がもたらす競争優位性は、努力する気さえあれば、誰にでも手に入る。

私は、ポジティブ心理学のトレーニング効果がどのくらい持続するかということを、ＫＰＭＧでテストしてみた。前に述べたように、ＫＰＭＧにおけるトレーニングから一週間後、「七つの法則」を取り入れた社員たちは、ストレスが減り、幸福感が増し、より楽観的になったことがテストで実証された。だが初期の「ハネムーン効果」が薄れた後も、「七つの法則」は彼らの人生に本当の違いをもたらすことができるだろうか。あるいは、仕事量が増えたところでもとの習慣に戻ってしまっただろうか。

この答えを求めて、私は四カ月後にもう一度KPMGを訪れてテストを行った。素晴らしいことに、トレーニングによるポジティブな効果は、依然として残っていた。経済の状態が、あの二〇〇八年一二月の暗い状況からわずかながら持ち直していたこともあって、誰の幸福度も上昇していたのだが、トレーニングを受けたグループは、受けなかったグループに比べ、人生に対する満足度が明らかに高く、効力感も大きく、ストレスはより少なかった。

人生に対する満足度は、仕事における生産性や業績に大きくかかわるものだが、トレーニングを受けたグループでは大幅に改善されていた。そしてさらに重要なことは、そのポジティブな効果をもたらした原因が、四カ月前のトレーニングであることが、統計学の分析によって明らかになったことである。簡単な「ポジティブ介入」によって、仕事の上で長期間持続する変化を生み出すことができるということが実証された。

♡情報を変化に結びつける

以前に、睡眠を研究している学者と話をしたことがある。彼は「睡眠を多くとるほど、きれいに歳を取っていくことができる」という研究結果を発表している。そのとき、私は「要するに一日二三時間眠るのが一番ということですね」とつまらない冗談を言ってしまった。ところが彼は真顔で、「眠りの研究者というのは、人が眠っているのを一晩中起きて観察する。だから私はろくに寝ていないんだよ」と言うのである。そして自分の年齢を明かした。彼の言う通りだった。実際の年齢に比べ、彼は少なくとも一〇歳は老けて見えた。どうやら、知識を持っているだけでは、自分の行動を持続的に変えてよりよくすることはできないようだ。

二〇〇九年の夏、私もまたこの落とし穴に陥っていることに気づいた。この研究をできるだけ多くの人に届けたいと思い、がんばりすぎていたようだ。月に何度となく大西洋を横断し、友人や家族と過ごす時間もなく、プレッシャーに押しつぶされそうになっていた。

早い話が、本書の勧める成功への道を逆に走っていたのである。チューリッヒからボストンへ向かう一〇時間のフライトの中で、ラクダの背中がついに折れた。ことわざではなく、文字通りである。突然背中と足に痛みが走って、どうにも耐えがたくなり、客室乗務員の助けを借りて飛行機の後部で横にならなければいけなかった。飛行機を降りてから病院の救急センターに運ばれたのだが、そこで椎間板の一つに亀裂が走っていると診断された。

それから一カ月、私はベッドか床の上で寝たきりだった。大量の副腎皮質ホルモンを硬膜外に打って、ようやく歩くことができるようになったが、旅行どころか研究を続けることもできない。スローダウンを余儀なくされた私は、そこでようやく、自分の「七つの法則」を自分自身の生活に取り入れることができた。自分が何を見失っていたかを、やっと理解したのである。

「七つの法則」は、経済危機のさなかにビジネスパーソンたちに変化をもたらしたのと同じように、個人的な危機に直面した私にも同じように有効に働いてくれた。この一カ月を、私はいつまでも感謝すると思う。人に説いてきたことを自ら実行する時間をもつことができたからだ。多くの人に勧めてきたように、心の持ちようや行動に変化を起こしたのである。

つまり、本書を読むだけでは不十分なのだ。七つの法則を実行に移すには、的を絞った努力をする必要があり、そこで初めて効果が表れる。ただうれしいことに、効果は非常に大きい。一つひとつの法則は科学的研究に基づいており、何年にもわたるテストを繰り返して有効性が確認されたものばかりである。

「仕事で成功する方法」というたぐいの本はたくさんある。もちろん参考になるかもしれないが、それらの戦略の多くは実証されていない。また一方で、素晴らしい科学的研究の成果であっても、難解でどのように行動に移すかが分かりにくい理論もある。本書の目標は、そのギャップに橋を架け、科学的研究の成果を実際の行動と結びつけることである。

パートII

幸福優位
7つの法則

法則1　ハピネス・アドバンテージ

――幸福感は人間の脳と組織に競争優位をもたらす

一五四三年、ニコラス・コペルニクスは、有名な『天体の回転について』という書物を著した。それまではほぼ誰もが、地球が宇宙の中心で、太陽がその周りを回っていると信じていた。しかしコペルニクスは、その逆こそが真実であり、地球が太陽の周りを回っているのだと論じた。これによってついに、人々が宇宙を見る目は大きく転換したのである。

今日心理学の世界においても、同様の根本的な変化が起こりつつある。私たちはずっと昔から、幸せが成功の周りを回っていると信じ込まされてきた。

つまり懸命に働けば成功する、成功してはじめて幸せが訪れる、と教えられてきたのである。仕事という宇宙の中のどこかに「成功」が不動のものとしてあり、「幸せ」がその周りを回っているというわけだ。

しかしいま、新しいポジティブ心理学の飛躍的進展によって、真実はその正反対であるということが分かってきた。人は幸福感を覚えているとき、つまり心のあり方や気分がポジティブであるときに、頭もよく働き、やる気も生じ、結果的にものごとがうまくいく。幸せが中心にあって、成功はその周りを回っているのである。

だがいまだに多くの企業やそのリーダーたちが、旧来の誤った順序をがんこに信奉しているのは困ったものだ。ただ刻苦勉励してがんばれば、やがて成功し、いつかずっと先に幸せになるという考え方が、相変わらず主流である。

ゴールに向かって努力しているとき、「幸せ」などは意味がないものとか、あってもなくてもいい束の間のぜいたくのように扱われ、辛苦に耐えて一生働き続けた果てに手に入る「褒美」とさえ思われている。幸福感をもつのは弱みであり、十分にがんばっていない証拠と考える人までいる。こういう誤った信条にとらわれていれば、精神や感情の健康が損なわれるだけでなく、成功や達成のチャンスも失われてしまう。

競争優位性を手にして成功している人たちは、幸せは仕事を達成した暁《あかつき》にもらえる褒美だなどと考えないし、無味乾燥な気分やネガティブな気分のままで、歯を食いしばって日々を生き抜こうなどと思わない。何事にもポジティブな面をとらえ、あらゆる場面で幸せを享受する。この章では、成功している人たちがどのようにそれを行っているか、なぜそれが有効なのか、それによってどんな利益が得られるかということを述べていこうと思う。

ある意味では「幸福優位性（ハピネス・アドバンテージ）」もまた、コペルニクス的転回である。幸せの周りを成功が回るのであって、成功の周りを幸せが回るのではない。

◎幸せの定義

誰一人私に口を利いてくれない！　私はこの日、韓国のサムスン電子のエグゼクティブたちの前で、「幸福感と成功の関係」について話をすることになっていた。会場に入って、人事マネジャーから紹介されるのを待つ間、私はいつものように、近くにいる参加者に話しかけて、つかの間の雑談を楽しもうとした。しかしここのエグゼクティブたちは、無表情に前方を見詰めたまま、私が何度話しかけても完全に無視するのだ。

すっかり気落ちした私は、パワーポイントを調整するふりをしていた（こういう状況で気まずさから逃れるにはこれが一番なのだ）。ようやく別の人が部屋に入ってきて、「このグループのリーダーで、ブライアンと言います」と自己紹介した。そのときようやく私は、ここには彼以外に英語を話す人が誰もいないということを知らされた。担当者が私にそのことを告げるのを忘れたらしい。

サムスンがいつも使っている通訳がたまたま病気で来られないのだそうで、ブライアンがその代わりを務めるという。しかし私が話を始めようとすると、彼は私の方に身をかがめて小声でこう言った。「実は、語学は苦手でしてね」

それから三時間、私は一分話してはこの臨時「通訳」の方を向くということを繰り返した。ブライアンは何とも困惑した表情を浮かべるときもあり、勢いよく話すときもあり、どちらの場合も私が話した時間の四倍もかけて通訳した。どの程度正確に話の内容が伝わったのか、私にはかいもく見当がつかない。しかし私の冗談は、確かに受けていたようだ。

このやり方はどうもうまくいかないと考えた私は、途中で話すのを止め、参加者にディスカッションをさせようと思いついた。私は「幸福が仕事の達成にどのように影響するかを学ぶためには、まず『幸福』の定義をしなければなりません。そこで、みなさんに考えてもらいたいのですが、果たして幸福とは何でしょう」と言い、最後にやっとこんな実習ができることにホッとして、ブライアンの通訳を待った。ところが彼は戸惑ったような顔で、私の耳元に口を寄せ「あのー、先生は『幸福』の意味を知らないのですか？」と心配そうに聞いてきた。

私は顔がこわばるのを感じた。「いえ、そうではなく、参加者のみなさんに幸福の定義について考えてもらいたいんです」

ブライアンは私に恥をかかせてはいけないと思ったらしい。マイクをしっかり手で覆うと、小声でこう言った。「グーグルでお調べしましょうか」

♡幸せの科学

ブライアンの親切はありがたいが、グーグルがどんなに万能でも、「幸福とは何か」という質問に決定的な答えを出せはしない。それは、答えが一つではないからだ。幸福というのは相対的なもので、それを感じる人によってみな異なる。心理学者は「主観的幸福度」という言葉を使う。幸福かどうかは個人的な感じ方に基づくので、その人がどのくらい幸せかを判断できるのは本人しかいない。だから、科学者が「幸せ」を実験的に研究しようとすれば、自己診断に頼らざるを得ない。だが、調査のための質問表は、世界中で何百万もの人を対象に、繰り返しテストされ、改善されてきているので、いまでは個人の幸福度をかなり正確に安定して測れる自己診断の手法が確立されている。

では心理学者たちは、「幸せ」をどのように定義しているのだろう。基本的には、「意味や目的の深い感覚を伴う喜び」のポジティブ感情を覚える状態と定義されている。幸せには、現在のポジティブな気分と将来に関するポジティブな展望の両方が含まれる。また、ポジティブ心理学の創始者であるマーティン・セリグマンは、幸せを三つの計測可能な要素に分けて考えた。「喜び」「夢中になること」「意味を見出すこと」の三つである。博士の研究によって（誰もが直感的に知っていたことではあるが）、喜びだけを追求しても幸福のもたらす恩恵の一部しか得られないこと、三つの要素すべてを求める人が本当に満たされた生活を送ることができるということが実証された。

幸せを意味する最も正確な言葉は、アリストテレスが使った「ユーダイモニア」という言葉かもしれない。これは直接「幸せ」とは訳されずに「人の繁栄」と訳される。私には、この定義が一番ぴったりくるように思う。「幸せ」とは、あの黄色いスマイリーフェイスのような表面的なものでも、虹のようにつかみどころのないものでもないことを、この言葉が示しているからだ。私にとって幸せとは、「自分の可能性を追求して努力するときに感じる喜び」である。

幸せは主にポジティブ感情によってもたらされる。幸せというのは、条件でも状況でもなく「心で感じるもの」だからだ。研究者によっては、「幸せ」という言葉を避けて、基本的に同義の「ポジティブ感情」とか「ポジティビティ」という言葉を使う人もいる。それは、「幸せ」という言葉があまりに漠然としていて、扱いにくいからである。

ノースカロライナ大学のバーバラ・フレドリクソンはこの分野に関して、世界でトップクラスの研究者である。彼女は、「喜び」「感謝」「安らぎ」「興味」「希望」「誇り」「愉快」「鼓舞」「畏敬」「愛」という最も一般的な一〇のポジティブ感情について説明している。このリストを読んだだけで、あのどこにでもある単純なスマイリーフェイスからは得られない、幸せの豊かなイメージがわいてくるだろう。

ただし本書では、「ポジティブ感情」も「ポジティビティ」も「幸せ」も、だいたい同じ意味で使われていると考えてくれてかまわない。何と呼ぶにせよ、この感情を飽くことなく追求することは人間だけに与えられた特質であり、それについては文学者や哲学者が（もしくは、トーマス・ジェファーソンが、アメリカ独立宣言書の中で）はるかに雄弁に書き記している。だがこれから述べるように、「幸せ」は、単なる「よい気分」ではない。成功するために欠かせない重要な要素でもある。

◎職場における幸福優位性

「まえがき」の中で、幸せ研究の膨大なメタ分析のことを話したと思う。これはおよそ二〇〇の心理学研究を統合したもので、対象となった被験者の数は、およそ二七万五〇〇〇人にのぼる。このメタ分析によって、仕事のみならず、結婚生活、健康、友人関係、地域社会とのつながり、創造性など、私たちの生活のほぼすべての面で、幸福感が成功を導くということが実証された。幸福度の高い社員は、生産性が高く、売り上げも多く、リーダーとしても優れ、高い業績を上げるので給料も高い。また職も安定し、病欠も離職も少なく、仕事のストレスに負けることもない。さらに、幸福度の高いCEOの下で働く社員は、幸福度も高く健康で、職場の雰囲気が高成績につながっていると感じている。「幸福な職場」の利点は数え切れないほどだ。

♡ニワトリが先か卵が先か

みなさんはここまで読んで、こんなことを考えたのではないだろうか。「そういう人たちは、仕事がよくできて給料が高いから幸せなんじゃないか」

心理学専攻の大学院生たちは、耳にタコができるほど「相関関係と因果関係は違う」ということを叩きこまれる。つまり、研究結果が示しているものは、単に両者の間に関係が存在するというだけのことが多く、「○○が○○の原因である」というためには、さらに深く調べてどちらが先かを確かめなければならない。では、ニワトリと卵はどちらが先なのだろうか。幸せが先か、成功が先か。

もし幸せが、単に成功したことの結果ならば、会社や学校でこれまで信じられていた「努力→成功→幸せ」という図式が正しいことになる。能率や業績のことばかり考えて、幸福感や健康も犠牲にしてがんばれば、成功して、その結果幸せになるはずだ。しかし、ポジティブ心理学が大きく進歩したおかげで、この神話のウソはすでにあばかれている。研究者たちは自信を持って「幸せが、人の成功の指標となる重大な結果に先行する」と断言できる。幸せが成功や達成をもたらすのであって、その反対ではないということが、膨大なデータによって次々に実証されたのである。もう少し詳しく見ていこう。

この「幸せと成功、どちらが先か」という問題を解く一つの方法は、長期にわたって人々の状況を調べることである。たとえばある研究では、二七二人の社員のポジティブ感情のレベルをまず測り、その後一八カ月の仕事の業績を追跡した。他の要素を調整した後でも、最初に幸福度が高かった人たちは一八カ月後に、そうでない人たちよりもよい評価を得ていて給料も高かった。また別の研究では、大学一年生のときの幸福度が、その時点で裕福かどうかにかかわらず、その学生の一九年後の収入を予測できるということが分かった。

幸福に関する長期研究のうち非常に有名なもので、ユニークな資料を使った研究がある。ノートルダム教育修道女会に属する一八〇人のカトリック修道女たち（全員一九一七年以前の生まれ）の古い日記である。彼女たちは毎日、思ったことを自伝風に日記に書くように言われていた。五〇年後、ある優れた研究者のグループが、この日記に含まれるポジティブ感情をコード化することを思いついた。二〇歳のときの幸福度が、修道女たちのその後の人生にかかわりがあるかどうかを調べたのである。そして、かかわりは大いにあった。

楽しそうな内容を書きつけていた修道女たちは、ネガティブなあるいは普通の内容を書いていた修道女よりも、一〇年近く長生きした。修道女たちが八五歳のとき、幸福度が高い方の二五パーセントに入っていた人たちの九〇パーセントがまだ存命だったのに対し、幸福度が低い方の二五パーセントに入っていた人たちは三四パーセントしか残っていなかった。二〇歳のときに幸福度の高かった修道女は、自分が長生きすると知っていてハッピーだったわけではない。彼女たちの健康と長寿は幸福感がもたらしたものであり、その逆ではない。

この研究は、「ニワトリと卵論争」を解決するカギを、もう一つ明らかにした。幸福感が健康状態を改善しうるということだ。健康であれば、てきぱきと長時間にわたって働くことができるわけで、ひいては成功する可能性が高くなる。この発見によって、企業が社員の幸福度に注意を払う必要があることがいっそう明白になった。健康であれば、仕事においても生産性が上がる。幸福度の低い社員は病欠も多く、平均して一カ月当たり一・二五日、一年に一五日、ほかの社員よりも多く休むことが、調査の結果から分かっている。ここでも幸福が、健康の「原因」として機能していることが明らかだ。健康だから幸福なのではない。

ある研究では（私はこれに参加しないでよかったと思った）、まず実験協力者の幸福度を測り、それから全員に風邪のウイルスを注射した。一週間後、調査のスタート時点で幸福度が高かった人たちは、低かった人たちに比べ、ウイルスに打ち勝つ率がはるかに高かった。単に気分が悪くないという本人の自己申告だけではない。実際に医師が診察したところ、くしゃみ、咳、のどの腫れ、鼻づまりなどの、風邪の客観的症状も現れていなかった。つまり、企業や経営者がハッピーで上機嫌な職場をつくる工夫をすれば、社員がより生産的で有能になるだけでなく、病欠も減り医療費も減少するということだ。

♡幸福なときの脳

長期にわたって人々の状態を調べるというこれらの研究に加え、ポジティブ感情がどのように脳の機能に影響し、人の行動を変えさせるかを調べる研究も行われるようになり、その結果、「幸福が成功の原因となる」証拠はさらに増えていった。

ネガティブ感情が思考の幅を狭め、行動を限られたものにするということは、心理学者の間でかなり以前から知られていた。ネガティブ感情のもたらすこの働きは、人類の進化の過程で生じたのである。太古の時代、我々の祖先に向かって、サーベルタイガーが突進してきたとする。恐怖とストレスが、ある化学物質を脳内に放出し、タイガーと闘うか逃げるか、どちらかの準備をさせる。

闘うのも逃げるのも容易ではなさそうだが、ただ食われるのを待つよりは生き延びる確率は高い。恐怖やストレスなどのネガティブ感情が行動の選択肢を狭めることが、生存のチャンスにつながるのである。ネガティブ感情はこのように人類の進化の目的にかなっているのだが、果たしてポジティブ感情は、どんな進化上の目的を持つのだろう。最近まで科学者は、幸福感というのは単に人をいい気分にさせるだけのものだとして、それ以上考えることをしなかった。

しかしここ二〇年間の心理学の発展によって、こういう考え方はすっかり変わった。バーバラ・フレドリクソンらは大規模な研究によって、幸福感が非常に重要な進化上の目的を持っていたことを実証した。これがフレドリクソンの「拡張—形成理論」である。ネガティブ感情が「闘うか逃げるか」というように選択肢の幅を狭める働きをするのと逆に、ポジティブ感情は可能な選択肢を増やし、私たちをもっと思慮深く、創造的にし、新しい考えに対して心を広げてくれる(拡張効果)。たとえば、実験の前に、意図的に愉快な気分や満足感を感じさせるようにした被験者たちは、不安や怒りを感じさせた人たちより、ずっと視野の広い考えやアイデアを思いつく。ポジティブ感情が認識や行動の幅を広げると、人はより創造的になるだけでなく、将来にわたって有効な、知的リソース(資源)、社会的リソース、身体的リソースを生み出す(形成効果)ということも分かった。

最近の研究により、この「拡張効果」は生物学的変化であることが確かめられた。幸福は化学的に競争優位性をもたらすのである。ポジティブ感情によって、脳がドーパミンやセロトニンといった化学物質で満たされると、それらは単に気分をよくするだけでなく、脳の学習機能をつかさどる部分の活性を高める。すると新しい情報が整理されやすくなり、記憶が長く保たれ、あとでそれを素早く取り出せるようになる。また神経細胞の連絡が密になり、そのために素早くクリエイティブに考えられるようになる。その結果、複雑な分析や問題解決がうまくでき、新たな方法を見出したり発明したりすることもよくできるようになる。

実際、幸せなときには、自分の周りで起こっていることがたくさん目に入ってくるものだ。トロント大学の最新の研究では、気分の変化に伴い、脳の視覚野（視覚をつかさどる脳の部分）の情報処理の仕方に変化が起きることが証明された。この実験では、被験者は二つのグループに分けられ、一方には意図的にポジティブ感情を起こさせ、他方にはネガティブ感情を起こさせた。それからどちらのグループにも同じ何枚かの写真を見せた。その結果、ネガティブな気分の人たちは、写っているものを脳が全部処理することができなかった。背景に写っていた主要なものまで見逃してしまったりした。しかしポジティブ感情を持った人たちは、写真の隅々までしっかりと見ることができた。視線解析を使った実験でも、同じ結果が出た。ポジティブ感情は文字通り、私たちの視野を広げるのである。

仕事をする上で、視野が広いということがどれほど競争力に差をつけるだろうかと考えてみてほしい。誰しも、独創的な問題解決策を見つけたい、チャンスを見出したい、他者のアイデアをさらに発展させる方法を見つけたいと願っているだろう。現代は知識経済の世の中で、新しいアイデアがものをいう。どんな業界でも職種でも、クリエイティブで画期的な問題解決の道が発見できるか否かに、その人の成功がかかっている。

医薬品メーカーのメルクのこんな例を見てみよう。研究者たちは、良性の前立腺肥大の治療薬を開発するために、フィナステリドと呼ばれる薬品の効果を調査していた。実験に協力してくれた患者たちを調べていると、多くの人が奇妙な副作用を経験していることがわかった。薄くなっていた患者たちの頭髪がまた生えてきたのである。幸いなことに、メルクの研究者たちはこの思いがけない副作用の背後に、何十億ドルというビジネスチャンスが隠れていることに気づいた。こうして育毛薬のプロペシアが誕生したのである。

最先端をいくソフトウェア会社の社員ラウンジに、テーブルサッカーゲームが置かれている理由は、この「幸福優位性」にほかならない。ヤフーが社内にマッサージパーラーを設けたのも、グーグルの技術者たちが愛犬と一緒に出勤することを許されているのもみな同じ理由である。単なる宣伝効果を狙ってのことではない。

優れた企業が職場環境を好ましいものに整えるのは、社員が束の間の幸福感を味わうたびに、ポジティブ感情が生じ、創造性と革新性が高まるからである。この幸福感のおかげで、普段なら見逃してしまうような解決策に気づくことがある。ヴァージングループ会長のリチャード・ブランソンは「職場が楽しいということが、何よりヴァージンの成功の秘訣です」と言った。楽しいことをするのは、「気持ちが浮き立つ」という効果だけに留まらない。それよりはるかに重要な結果に結びつくのである。

♡ランチのゼリー

ポジティブ感情が、新しい解決策やアイデアに目と心を開いてくれるというのは、ごく幼いときから始まるようだ。ここに興味深い実験がある。

四歳の子どもたちにいくつかの知的な作業をさせる。たとえば、さまざまな形をした積み木を組み合わせて別の形を作るというような作業である。子どもたちを二つのグループに分け、一つのグループには、「積み木をできるだけ早く組み合わせてください」というような普通の指示を与える。もう一つのグループにも同じ指示を与えるのだが、指示のあとに「何かうれしかったことを考えましょう」と言う。

もちろんたった四歳だから、幸福経験が豊富にあるわけではない。仕事で素晴らしい業績を上げたこととか、感動的な結婚式とか、初めてのキスとかを思い出したりはしない。多くの子どもたちが考えつくのは、ランチに好物のゼリーが出たという程度のことだ。しかし、たったそれだけのことが、違いを生じさせる。幸福感を持った子どもたちの成果は、他グループの子どもたちの成果を大幅に上回った。与えられた作業を素早くやり遂げ、間違いも少なかったのである。

脳にポジティブな思考を持たせることの利点は、子どもも大人も、学問の世界でもビジネスの世界でも、人生のすべてにかかわってくる。たとえば、数学の共通テストの前に、これまでで最も楽しかった日のことを考えるように促された生徒たちは、それをしなかった生徒たちに比べてはるかによい成績を取った。またビジネスの交渉中に、ポジティブ感情をより多く表していたビジネスマンは、ニュートラルな感情やネガティブな感情を表していた人よりも、ずっと効率よく交渉を成立させることができた。

これらの研究が示していることは非常に明らかで、疑問の余地がない。ただひたすら努力し、その努力がやがて幸せをもたらすだろうと耐えている人は、非常に不利な立場にあるということだ。一方で、生活のあらゆる局面でポジティブな状況を見出して楽しむことができる人は、ほかの人たちよりも一歩先を行く。

♡医者にはキャンディをプレゼントしよう

医学部では、医師の卵たちの診断の訓練にロールプレイングを使う。患者役の人が架空の症状や病歴を読み上げ、医学生に診断を下させるのである。病気を正しく診断するには、非常にクリエイティブな思考が求められる。診断ミスは、心理学の言葉で「アンカリング」と呼ばれる硬直した思考が原因で起こることが多いからだ。このアンカリングというのは、最初に思いついた診断（アンカーポイント）に意識がとらわれてしまうもので、それに矛盾するような新しい情報があとから入ってきても、最初の思い込みを手放すことができない。

「ドクター・ハウス」というテレビドラマを見たことがある人は、医療の世界では創造性が非常に重要だということが分かると思う。番組の中では、状況がさまざまに変化するのに従い、ハウス医師が素早く診断を切り替えていく（もちろんドラマは誇張されているが、現実の世界でもこのように臨機応変に判断を切り替えることが必要である）。

そこで三人の心理学者は、ポジティブ感情が医師の診断によい影響を与えるかどうかを確かめる実験を行った。経験豊かな医師たちを学校に集め、医学生たちが使うのと同じ架空の患者の症状を分析してもらう。まず前もって医師たちを三つのグループに分け、一つのグループは意図的に幸福度を高めた。もう一つのグループには単に医療関係の記事を読んでもらい、最後のグループには特に何もしなかった。

研究の目標は、これらの医師たちがどれくらい早く正しい診断を行うかを見るだけではなく、どれほど「アンカリング」を避けられるかを見ることだった。幸福感を持っていた第一グループは、豊かな創造性を発揮し、すみやかに正しい診断に行き着いた。平均して、症状リストの二〇パーセントを読み上げたところで正しく診断できたが、これは第三グループに比べ二倍の速さで、アンカリングは二分の一以下だった。

この研究で私が一番好きな部分は、医師たちの幸福感をどうやって高めたかというところだ。なんと、彼らにキャンディを配ったのである！　医師たちを二倍有能にし、二倍以上クリエイティブにするのに、賞金も、昇進の約束も、有給休暇も必要なかった。診断前のたった一個のキャンディで十分だった（血糖値が実験に影響するといけないので、キャンディを食べてもらったわけではない）。

この実験は「幸福優位性」に関してきわめて重要な事実を示した。つまり、ほんのわずかの幸福感にも、重大な競争優位性をもたらす力があるということだ。

この結果からすぐに読みとれることが二つある。一つは、患者は医者に診てもらう前に、まずキャンディをプレゼントした方がいいかもしれないということ（幼い患者にキャンディを与える医師がよくいるが、実際にはその逆の方がいい）。そしてもっと重要なのは、病院は医師の労働環境の改善に力を注ぐべきだということ。たとえば給与を上げる、福利厚生を増やす、勤務時間を短くフレキシブルにするといったことだ。

たった一個のキャンディが、医師の能力をそれほど高めるのであれば、病院の方針を見直して、医師たちの満足感を向上させることをもっと真剣に考えたなら、どれほど明確で効果的でクリエイティブな医療が提供できるかを考えてみてほしい。医師だけでなく、看護師、医学生、医療技術者たちについても同じことが言える。同様の研究はほかにもいくつかあり、それらの結果からは、病院、企業、学校をどのように運営するべきかという、貴重な教訓を読みとることができる。

♡打ち消し効果

ブライアンはアイオワ州デモインに住むセールスパーソンである。もうすぐ顧客の前でプレゼンテーションをすることになっていて、すでに緊張していた。そのときノックの音が聞こえ、上司が顔を出した。「四時からだぞ。準備はいいな。このプレゼンは重要だからな。この顧客は絶対に逃すわけにいかん。しくじるなよ、頼むぞ！」

上司が出て行ったあと、ブライアンはストレスが体中を貫くような気分だった。プレゼンの準備はすでに完ぺきだったが、その後二、三時間、さらに何度も繰り返し練習した。どこで間違えやすいかを確認し、失敗して顧客を失ったら会社にとってどれほどまずいことになるかを、自分に言い聞かせた。

ブライアンがまったく分かっていなかったことは、こんなふうに「まずいプレゼンテーションをすると、どんな悲惨な結果が待っているか」ということに注目すればするほど、失敗を自ら宿命づけることになるということだ。頭の硬いビジネスパーソンには、直感に反することかもしれないが、彼がこういう状況ですべきだったのは、ちょっとした幸せを見つけることだった。

なぜかというと、ポジティブ感情は、私たちの知的能力や創造性を増すだけでなく、ストレスや不安をすみやかに消し去る働きがあるからだ。これを心理学では「打ち消し効果」と呼ぶ。「打ち消し効果」に関しては、こんな実験がある。集まった協力者たちにいきなり、「もうすぐスピーチをしてもらうので準備してください」と告げる。しかもそれをビデオにとって批評し合うというのである。みなさんも想像がつくように、協力者たちは大きなストレスを覚え、心拍数も血圧も一気に跳ね上がる。プレゼンテーションを前にしたブライアンと同じ状況である。それから協力者たちは、無作為に四つのグループに分けられ、それぞれ違うビデオを見せられる。

二つのグループは、喜びや幸せ気分を引き出すような映像、三つ目のグループは特に特徴のない映像、四つ目のグループは悲しい映像である。ポジティブな映像を見たグループは、ストレスによって生じた身体的な変化（血圧や心拍の上昇）から速やかに回復した。幸せな映像は彼らの気分を良くしただけでなく、身体に生じたストレスの悪影響も打ち消してくれた。ポジティブ感情がわき起こると、認知の領域が広がるだけでなく、ストレスや不安に対する強力な毒消し効果が得られるのである。その結果、直面している状況により集中できるようになり、能力を最大に活かすことができるようになる。

ブライアンの上司は、彼にプレゼンテーションの重大さを言い聞かせてストレスを増やすのではなく、励ましの言葉をかけたり、ブライアンの強みを思い出させたりしてポジティブな面を強調するべきだった。あるいはブライアン自身が、前向きな気分を高めて自信を取り戻すような方法を試すべきだった。自分が明解で説得力のあるプレゼンテーションを行っている場面を思い描くとか、過去に売り込みを成功させたときのことを思い出すのもいい。また、少し時間を取って仕事に無関係な気晴らしをするのも効果的である。友達にちょっと電話するとか、オンラインで愉快な記事を読むとか、「ザ・デイリーショー」（時事問題をネタにしたコミカルなトークショー）の二分のビデオを見たりしてもいい。あるいは、外に出てその辺を一回りしてくるのもいい。

これらは、解決策としてはあまりに単純に思えるかもしれない。また真剣な仕事の場面でふまじめな感じがするかもしれない。しかしその効果は科学的に実証されているのだから、これを利用しないことこそ愚かである。誰にも、楽しくいい気分になれる行動がいくつかあるものだ。ささいな行動でもそれらには大きな価値がある。

◎幸福優位性を最大に活かす

もちろんポジティブな心持ちがもともと備わっているという人はいる。以前、ある企業の研修で、「幸福優位性」について講演をした際、一人のエグゼクティブが、イライラした表情で立ち上がって言った。「もともと幸せな人にとっちゃ、まったくけっこうな話だ。しかしそうじゃない我々はどうなるんだ。我々にだってその優位性が必要なんだ」

彼の指摘は的を射ている。それに、もし人の幸福度が永久不変であるなら、彼の言うことは正しい。私の説明などは、幸福感が少ない人にとっては気のめいる情報でしかない。だが、ありがたいことにそうではない。私たちは誰でも、みな、その気になって努力すれば、「幸福優位性」の恩恵をフルに享受することができる。

忘れないでほしい。仕事上の幸福感というのは単なる気分ではない。「仕事観」なのである。科学者はかつて、幸福感というのは完全に先天的なもので、遺伝的に決められた「セットポイント」によって決まると考えていた。しかし幸いなことに、いまでは以前信じられていたよりもずっと、自分自身の幸せ度をコントロールできるということが分かっている。日々の幸福度やそこを中心に上下する「幸福のベースライン」が、人によって違うというのは確かだ。しかし努力によってそのベースラインを持続的に向上させ、幸福度にアップダウンがあるにしろ、全体をより高いレベルにすることはできる。

学者たちは、人の幸せにとって最も重要なことをいくつか特定した。たとえば、意味ある人生の目標を追求すること、チャンスに気づいてつかむこと、楽観的で感謝に満ちたマインドセットを養うこと、豊かな人間関係を大事にすることなどである。本書の「七つの法則」はそれぞれが、それらの少なくとも一つに有効である。

「幸福優位性」を得るために、このように思考や行動を大きく転換させることも大事だが、日々の生活に生じる一瞬の幸福感によってもそれがもたらされるということを知っておいてほしい。これまでに見てきたように、つかの間の愉快なビデオクリップとか、友人とのちょっとした会話、キャンディなどの小さなプレゼントなどが、認知能力や仕事をこなす力を、即座に大幅に高めるのである。

大きな変化を生じさせて持続する幸福をめざすことは確かに重要だが、そのプロセスがどのように起こるのかを詳しく見て行くと、バーバラ・フレドリクソンが指摘したように、日々自分がどういう感情を抱くかにもっと注目すべきだということがよく分かる。

そのことを理解した上で、一日を通して気分をよくし幸福度を上げる、実証済みの方法をいくつか紹介しよう。以下のそれぞれの行動は、ポジティブ感情をすぐに生じさせて、仕事の能率や集中力を上げるだけでなく、長期にわたって習慣的に行えば、「幸福のベースライン」を永続的に上げることができる。

もちろん、幸福というのは主観的なもので、誰にとっても同じではないので、私たちにはそれぞれ自分に合った「幸福感が得られる行動」があるものだ。好きな歌を聞く、友人とのおしゃべり、バスケットボールをする、犬をなでる、キッチンを掃除するなど、人によってさまざまである。友人のアビーなどは、床にモップがけすると、大きな満足感を覚えるという。研究者によれば「行動が個人的な好みに合っていること」は、行動そのものと同じくらい重要であるという。だから、次に挙げた行動の例が、いま一つピンとこないという人は、無理する必要はない。それに代わる自分にぴったり合う方法を探してみるといい。目標は気分を引き立て、ポジティブなマインドセットを生じさせ、それによって「幸福優位性」の恩恵を得ることである。

瞑想する

神経科学の研究により、何年も瞑想をしている僧たちは、左前頭葉前部皮質が普通の人よりも発達していることが分かった。脳のこの部分は幸福感を感じる部分である。だが心配はいらない。幸福感を得るために、人里離れたところで禁欲生活を何年も続ける必要はない。その代わり、毎日五分間だけ、呼吸に意識を集中するといい。ほかのことを考えないようにするのだが、思考が迷い出たら、ただゆっくりとまた呼吸に意識を戻す。メディテーションは少々練習が必要だ。しかしこれは研究によって、最も効果の高い「幸福介入」の一つであることが分かっている。メディテーションをした直後の数分間、人は安らかで満ち足りた気分を覚え、知覚と共感が高まる。またメディテーションを定期的に行えば、脳の配線が永久的に変化して幸福度が高まり、ストレスが減り、免疫機能さえも改善されるという調査結果もある。

何かを楽しみにする

ある研究によると、お気に入りの映画を見ることを想像しただけで、脳内のエンドルフィンのレベルが二七パーセントも上がるという。何かの活動の一番楽しい部分は、多くの場合それを楽しみに待っている時間である。いますぐ休暇を取ることもできないし、友達との夕食も無理という人は、ともかく何かをカレンダーに書き出すといい。一カ月先、一年先の予定でもいい。気持ちが晴れないときにはその予定のことを考えよう。将来の楽しみを期待すると、実際にそれをするときと同じくらいに、脳の快楽中枢が活性化する。

意識して人に親切にする

利他的な行為（友人にでも見知らぬ相手にでも）をすると、ストレスが軽減され、精神の健康度が高まるということが、二〇〇〇人以上を対象とした大掛かりな研究を含め、たくさんの実証的研究によって確認されている。著名な心理学者であり『幸福の方法』を著した、ソニア・リュボミルスキーによれば、一日に五つ何か親切な行為を行うように指示された人たちは、それをしなかった人たちに比べ、はるかに幸福度が上がり、しかもその感情がその後何日も続いたという。これをやってみたい人は、一週間のうちの一日を選んで、五つの親切を実行するといい。ただし心理学的に有効であるためには、親切を意識的にやらなければならない。一日を振り返って、あとから「あ、そうそう。そういえば銀行から出てきた人のためにドアを押さえてやったっけ。あれは親切だったな」というのは、あまり効果がない。また、特にたいそうな行為である必要もない。私のお気に入りは、マサチューセッツ・ターンパイクの通行料を、後ろの車の分も払ってあげることである。これで、渋滞によるイライラを感じずにいられるのだから、この二ドルは有益な使い方だ。

ポジティブな感情が生じやすい環境をつくる

次の章でもっと詳しく述べるつもりだが、私たちを取り巻く物理的な環境は、心の持ちようや幸福感に大きく影響する。環境をいつも完全にコントロールすることはできないまでも、そこに幸福感を吹き込むための努力はできる。たとえば、オフィスは自分をどんな気持ちにさせるだろうと考えてみよう。パソコンの隣に愛する者の写真を置いている人は、デスクを飾っているのではない。そちらを見るたびにポジティブな感情がわくことを知っているからだ。天気のよい日に外へ出ることも、非常に効果が高い。ある研究によれば、いい天気の日に二〇分間外で過ごすと、ポジティブな気分が高まるだけでなく、思考の幅が広がり、作業記憶が改善されるという。賢明な上司は、社員に少なくとも一日に一回は戸外の新鮮な空気を吸わせるようにしている。それによってチームの業績が高まるのである。

また、ネガティブな感情が起きないように環境を整えることもできる。株式相場のティッカーを見るたびに気持ちが落ち込むのであれば、テレビを消せばいい。あるいは、見る時間全体を減らせばさらにいい。ネガティブな内容のテレビ、特に暴力的な番組を見ないようにすると、幸福度が高まるという研究結果もある。これは、現実世界から自分を切り離すということではないし、現実の問題を見て見ないふりをするということでもない。心理学者によれば、テレビを見る時間が少ない人は、犯罪や悲劇や人の死が報道されることの多い夜一〇時のニュースを毎晩見ている人に比べ、我々の暮らしがどれくらい危険でどれくらいよいことが起きるかという判断を、より正確にできるという。センセーショナルで情報源の偏った報道に接することが少ないので、現実を明確に認識できるのである。

運動する

運動をすると、快楽をもたらすエンドルフィンという化学物質が放出されるということを聞いたことがあると思う。だが運動の恩恵はそれだけではない。身体的活動は、モチベーションを上げ、自己統制感を増し、ストレスや不安を減らし、「フロー」の状態を生じさせる（「フロー」というのは、人が最も生産的になっているときの「完全に没頭した状態」のこと）。そのために、気分がよくなり、仕事の能率が上がるのである。

運動の効用がどれほど高いかを実証した実験がある。うつ病の患者を三つのグループに分け、第一グループには抗うつ剤を処方し、第二グループには一週間に三回、四五分間ずつ運動をしてもらい、第三グループにはその両方を行った。四カ月後、三つのグループはそれぞれ幸福度の改善が同程度に見られた。運動が抗うつ剤と同じだけの効果があるということで、それだけでも驚きだが、さらに驚嘆すべきことがある。

実験を終了して六カ月後、それぞれのグループについてうつの再発を調べた。抗うつ薬を飲んだだけのグループは、三八パーセントが再びうつ状態に戻っていた。抗うつ薬と運動を組み合わせたグループは、それより多少いいというくらいで、三一パーセントの再発率であった。素晴らしい結果を出したのは、運動だけをしたグループである。彼らの再発率はわずか九パーセントだった。つまり、身体的な活動は、気分を向上させる効用があるだけでなく、その効果が持続する。ウォーキング、サイクリング、ジョギングのほか、ただストレッチ、縄跳び、ホッピングをするだけでもいいし、身体を使うゲームなどをしてもいい。ともかく体を動かすことがいいのである。

お金を使う（ただし、モノを買うのではない）

「幸せはお金で買えない」というのは常識になっているが、実は買うことができる。ただし、単にモノを買うのではなく、何かをするためにお金を使うのでなければならない。

ロバート・フランクは著書『ラグジュアリー・フィーバー（贅沢熱）』の中で、モノを買ったときに得られるポジティブ感情は、腹立たしいほど短時間で消失するのに対し、経験、特に他の人と共有する経験にお金を使った場合は、価値のあるポジティブ感情が長続きすると書いている。研究では、一五〇人に、最近の消費についてインタビューした。コンサート、知人とのレストランでの食事など、経験にお金を使った場合は、靴、テレビ、高級時計などのモノを買った場合に比べ、はるかに大きな喜びをもたらしていた。

また他人のためにお金を使うこと（向社会的消費）も、その人の幸福度を高める。たとえばこんな実験がある。四六人の学生にそれぞれ二〇ドルずつ与えて使わせた。その二〇ドルを他者のために使う（友人にランチをおごる、妹におもちゃを買う、チャリティに寄付するなど）ように指示された学生たちは、自分のために使った学生たちに比べ、その日の終わりの幸福度は高かった。

みなさんはどのようにお金を使っているだろうか。紙の中央に縦線を引いて二つの部分に分け、自分がモノと経験のどちらによりたくさんお金を使っているかを、一カ月間記録してみるといい。一カ月後両方のリストを見比べて、それぞれの使い道がどのくらい自分に喜びをもたらしたか、その喜びがどれくらい持続したかを考えてみよう。お金の使い方を、モノのリストから経験のリストにもっと移動させなければと思うだろう。

固有の強みを発揮する

誰にも何かしら得意なことがあるものだ。人にアドバイスをするのが上手とか、小さな子どもの相手がうまいとか、ブルーベリーケーキを焼かせたら天下一品とか。どんなことでも自分の得意な分野のスキルを使うときに、幸福感がわき出る。幸福の特効薬がほしいというときには、しばらく遠ざかっていた得意な分野に立ち戻ってみるといい。

単なるスキルを使うことよりさらに満足感を与えてくれるのが、埋もれている自分の「性格的強み」を掘り起こして活かすことである。最近、心理学者のチームが、文化背景に関わらず人の繁栄に最も貢献する「二四の性格的強み」を特定した。さらに、人がもつ固有の強み上位五つを見つけるための、総合的な調査法を開発した（自分の強みトップ五を知りたい人は、www.viasurvey.org へ行けば、無料で調べることができる）。

次に彼らは、五七七名の実験協力者を集め、それぞれの固有の強みのうちから一つを選び、それを一週間毎日いろいろな方法で使うように指示した。一週間後彼らは、それをしなかったグループよりも幸福度がはるかに高く、抑うつも少なかった。しかもこの効き目は持続した。実験が終わった後も、幸福度は六カ月も高い状態のままだった。自分固有の強みを日々の生活の中で使えば、幸福度が上がることが実証されたのである。

私の強みの一つは、「学ぶのが好き」ということだ。この強みを使う機会が一日中まったくないと、はたから見て分かるほどに元気がなくなる。だからつまらない雑用ばかりの日にも、必ず何かしら学びの要素を取り入れる工夫をしている。

たとえば私は仕事のために、一年に三〇〇日近く旅行をする。来る日も来る日も空港やホテルで過ごす日々は、精神の健康にとって決して好ましくない。私は初めての土地に行くと、当地の博物館へ行くのを楽しみにしているが、それだけの時間が取れないことも多い。そこで私は、新しい土地へ行ったら何かしら一つ歴史的な事実を学ぶと決めている。ささいなことだが、こんな知的行為が、飛行機で飛びまわる日々の心のありように大きな違いを生み出す。みなさんも、先ほど紹介したウェブのツールを利用して、自分の強みを見つけてみてはどうだろう。それを毎日の生活の中に少なくとも一つ取り入れるようにするといい。

これらの「幸福エクササイズ」を日々の暮らしに取り入れると、気分が好転するばかりでなく、高まったポジティブ感情のために、仕事が効率的にすすみ、モチベーションが上がり、生産性が高くなり、大きな成功に向けてチャンスが開かれてくる。しかも「幸福優位性」はそこで終わらない。仕事のやり方も、周りの人をリードするやり方も変わるので、自分だけでなくチームや組織全体を成功に導くこともできる。

♡「幸福優位性」によるリーダーシップ

ポジティブ感情の波を職場に広げることは誰にでもできる。しかし数多くのマネジャーや企業にコンサルティングをする間に痛感したことは、経営陣や上級のマネジャーには、ことに大きな影響力があるということだ。それは彼らが（1）会社の方針を決定し、職場の文化を形作る、（2）多くの場合、社員の手本と見なされている、（3）一日のうちに他の人と接する機会がより多い、という理由からである。

だが残念なことに、現代のビジネスリーダーの多くは、「幸福感に注目することが業績を高めることに結びつく」という考え方をまともに受け取ろうとしない。休暇も取らずにひたすら働き、同僚とのつき合いなどで時間を無駄にしない社員が有能な社員だと思っている。仕事の合間にちょっと運動やメディテーションをするように部下に勧める上司も、週に一日、三〇分早めに退社して地元のボランティア活動に参加することを認める上司も、ほとんどいない。だが実際には、社員にこういう行動をさせることの「対投資効果」はきわめて大きいということが、心理学研究によって実証されている。

さらにまずいのは、部下が就業中にほんのいっとき仕事以外のことをすると目くじらを立てるマネジャーである。私がコンサルティングをした会社の社員の多くが、ユーチューブのビデオを見て笑ったり、電話で五歳の息子と話をしたり、廊下で同僚に冗談を言っているときに上司が通りかかったら、身が縮む思いをすると言った。しかしこれまで見てきたように、それらの行為はみな、ポジティブ感情を素早く上昇させて、仕事の能率を上げる働きをする。

部下のそういった行動をやめさせようとする上司は、そもそも本人がネガティブな人間であることが多いので、職場に二重の不利益をもたらしていることになる。時間管理や効率性などを理由に職場における幸福度を犠牲にすれば、実際には仕事の効率は損なわれる。

優れたリーダーは「幸福優位性」を、チームのモチベーションを上げて、部下の可能性を最大に引き出すためのツールとして使う。組織レベルでそれを行っている例もよく見かける。グーグルは、廊下にスクーター、休憩室にビデオゲームを備え、カフェテリアに腕自慢のシェフを置いていることで有名だ。アウトドア用品パタゴニアの創業者は「社員をサーフィンに行かせよう」という社訓を作った。社員は気が向いたときに、オフィスの戸棚からサーフボードを出してビーチへ行くことができる。こういう方針が会社にとって安定した大きな収益につながっていることは明らかである。

また、もう少し一般的な、スポーツジムのメンバーシップ、医療費補助、社内保育施設なども効果がある。たとえば、飲料のクアーズ社は、企業が従業員向けに提供するフィットネス・プログラムは、投資額一ドルに対して六ドル一五セントのリターンがあると報告している。トヨタは、北米パーツセンターで、従業員の「固有の強み」に基づく研修を取り入れたところ、生産性が急上昇したという。だが、「幸福優位性」を得るために、これらの会社のような大規模な方針の変更が必要であるとは限らない。これまで見てきた通り、職場におけるほんのひとときの幸福度が、効率、モチベーション、創造性、生産性を十分に高めてくれる。

たとえば、単に部下の長所を頻繁に評価して励ますだけでもいい。それによって部下の生産性を上げられることが実証されている。しかもその効果はわずかなものではない。ある研究によれば、部下を肯定的に励ますマネジャーのチームは、なかなか部下を褒めないマネジャーのチームと比べ、業績が三一パーセントも上回った。また、その評価が具体的に意識的に伝えられた場合の動機づけ効果は、金銭による動機づけ効果を上回ったという。

部下を褒めるには、メールを送ったり、肩を叩いて言葉をかけたりという従来の褒め方でも十分効果がある。だが、画期的なやり方も行われている。私が気に入っているのは、ビジネスコンサルタントのアレクサンダー・シェルルフが紹介しているデンマークの自動車会社の話だ。「象の勲章」という制度で、この象というのは六〇センチほどの大きさのぬいぐるみである。社員は誰でもこの象を、模範となるような優れたことをした人に褒美としてあげることができる。これは褒められるべき人が褒められるというだけの意味にとどまらず、その効果は周囲に波及していく。シェルルフによれば、通りかかった他の社員が象を見ると、「や、象をもらったんだね。何をしたんだい」と聞く。それによって、模範となるような行為や成功事例が、社内に次々に広まっていくのだという。

また、大手ビジネスホテルチェーンのCEO、チップ・コンリーは、役員会議の最後に時間を取り、一人のエグゼクティブが一分間、社内の誰かのことを褒める時間をもうけている。褒める相手は同僚でもいいし、ずっと下のレベルの社員でもいい。マネジャーでも客室メイドでも誰でもかまわない。そのエグゼクティブが一分間、なぜその従業員が褒められるべきなのかを話した後、別のエグゼクティブがその従業員に、電話をしたり、メールを送ったり、あるいは訪ねて行ったりして、素晴らしい仕事ぶりに感謝するのだそうだ。

これは単なる会社の優しさの表現にとどまらない。このことによる恩恵ははかりしれない。褒められた従業員はもちろん最高の気分になるし、その人を推薦したエグゼクティブも、褒め言葉を届けたエグゼクティブも非常に気分がいい。周りの社員もみな気分の高揚を覚える。褒められた社員のいい仕事ぶりは周囲に伝わる。それを聞いた社員は二、三日はそのことを考える。そして自分なら誰を推薦しようかと考えるだろう。

部下に「何を言うか」と同じくらい重要なのは、それを「どのように言うか」である。怒りを含んだネガティブなトーンで指示を与えたりすれば、まだ仕事が始まってもいないうちから部下にハンディを負わせることになる。優れたリーダーはそういうことをちゃんと承知している。イエール大学のマネジメントスクールで行われた調査は、このことを明確に実証した。実験協力者の学生たちを四つのチームに分け、ビジネス関連の作業をさせる。作業の目標は、架空の企業のために収益を生み出すことである。次に、俳優が演じる「マネジャー」たちが現れて、それぞれ、「明るく情熱的な調子」「穏やかで温かみのある調子」「憂うつで無気力な調子」「敵意のあるイライラした調子」の四種類の口調で、各グループに指示を与える。その結果、四つのグループのうちの二つは、よりポジティブになって有能さを発揮し、他の二グループに比べて、はるかに大きな収益を架空の企業にもたらすことができた。さてその成功をおさめた二グループとは、どれとどれだろうか。

これら四種類の口調のうち、自分はどれを使っているだろうと考えてみると、ハッとする人もいるだろう。私たちは自分が普段どんなメッセージを周りの人に送っているのか、案外気づいていないのである。あるとき私は講演の途中、聴衆のうち一人の女性経営者が、終始眉根を寄せて私を睨んでいるのに気づいた。驚いたことに講演後、この女性が、「とてもいい話でした」と私に言うために、わざわざ列に並んでくれたのだ。彼女はおそらく自分では気づかずに、ネガティブなメッセージを社員たちにまき散らしているに違いない。

みなさんも、次に同僚や部下と接するときには、できるだけポジティブな声の調子と顔の表情を心がけるとよい。本心をいつわって無理に笑顔をつくることを勧めているのではない。マネジャーが冷ややかなイライラした口調にならないように、誠実に努力すれば、チームの働きぶりが大きく変わってくるのである。

これは会社内だけの話ではない。企業よりもはるかに厳格だと思われている軍隊においてさえ、ポジティブな態度をオープンに表現するリーダーは、部隊の力を最大に引き出すことができる。次のような調査結果がある。米国海軍では年に一度、効率のよさや備えの周到さなどが表彰されるが、部隊長がオープンに部下を元気づけている隊は、賞をもらう頻度が一番高い。それに対し、成績が一番悪い隊の部隊長は、ネガティブで専制的で、表情なども冷淡であることが多い。厳しい軍隊式リーダーシップが一番有効と思われている海軍のようなところでも、やはりポジティブな姿勢が勝利を収めている。

♡職場の繁栄と衰退を分ける「ロサダライン」

どんな場合にも、異を唱える人や疑う人は必ずいる。「幸福優位性」に関しても、「幸福感は確かに職場を楽しくはするだろうが、計測可能な真の競争優位性に結びつくとは信じがたい」と言う人たちがいる。これは実に残念なことだ。こういう人たちは、ビジネスの真剣勝負の世界で幸福のことを考えるなんて、不適切で、時間やエネルギーの無駄だという。あるいは励ましや褒め言葉は、実際に素晴らしい業績を上げた人への褒賞として使われるべきで、いい仕事ぶりを促すツールとして使ったりしてはならない、と信じている。

ポジティブな状態を自然に取り入れるのが難しいリーダーたちもいるようだ。あるロンドンの銀行のエグゼクティブは、職場のポジティビティをもう少し高めるように私が勧めたとき、こう言った。「それは素晴らしいアイデアだ。だが私は絶対にやろうとは思わないね」

こういう人たちに「幸福優位性」を取り入れてもらうために、私はある数字をよく示す。「二・九〇一三」という数字である。

これは一見でたらめな数字に見えるが、心理学者でありビジネスコンサルタントでもあるマルシャル・ロサダが発見した重要な数字である。彼は一〇年間にわたって、業績のいいチームと悪いチームを研究した。そして、その膨大な数学的モデルに基づき、ビジネスチームに成功をもたらすためには「メンバー間のポジティブな相互作用とネガティブな相互作用の比率」が、最低でも二・九〇一三対一でなければならないということを突き止めた。つまり、一つのネガティブな意見や経験や表現の悪影響を打ち消すのに、三倍の量のポジティブな意見や経験や表現が必要だということである。この転換点は最近では「ロサダライン」と呼ばれている。ポジティブとネガティブの割合がこのライン以下だと、チームの仕事ぶりは一気に落ち込む。ラインを上回る比率であれば、チームは能力を最大限に発揮する。調査結果によれば、ポジティブ対ネガティブが、六対一くらいが理想だという。

この数字は、単に難解な数学的計算の結果だけではない。ロサダ自身が数え切れないほどの実例を観察してきた結果でもある。たとえば彼は以前、グローバルな鉱業会社でコンサルティングをしていたが、その会社は一〇パーセント以上の「プロセス損失」があり、当然ながらポジティビティ比も低く、たったの一・一五対一しかなかった。しかし、チームリーダーに、もっとポジティブなフィードバックとポジティブなやり取りを心がけるように指導したところ、チームのポジティビティ比は三・五六対一まで上がったという。そして、生産性は飛躍的によくなり、業績が四〇パーセント改善された。

この会社のCEOも最初は懐疑的だったが、この明らかな変化には喜ばずにはいられなかった。彼はロサダに「君は、我々を縛っていた縄をほどいてくれた。社員は互いを違う目で見るようになった。信頼関係が増し、相手の意見に穏やかに反論できるようになった。また自分の成功だけではなく、他者の成功も考えるようになった。そして一番重要なことは、それが目に見える業績になって表れたことだ」と言った。

ロサダが数学的に突き止めた「ポジティビティ比」も、「幸福優位性」を裏付ける数多くの証拠の一つである。これもまた、職場にコペルニクス的発想の転換をもたらすことに貢献している。職場という宇宙におけるこの新しい考え方、つまり「幸福が中心で、成功がその周りをまわっている」という考え方を受け入れると、働き方も、同僚との関わり方も、リーダーシップもすっかり変わってくる。それによって、個人のキャリアにも組織全体にも、競争優位性が生じる。

法則2　心のレバレッジ化

――マインドセットを変えて仕事の成果を上げる

私が心理学に恋に落ちたのは、妹がベッドから落ちた日のことだった。

私は七歳で、妹のエイミーは五歳だった。エイミーは私のやることは何でも一緒にやりたがり、そのときも私と一緒に二段ベッドの上の段で戦争ごっこをしていた。私はGIジョーとおもちゃの兵隊を片側に整列させ、反対側に妹のマイ・リトル・ポニー（女の子向けの馬のおもちゃ）とユニコーンを並べた。この戦闘に私は大きな自信を持っていた。いまだかつて軍隊がユニコーンに負けたなどという話は聞いたことがなかったからだ。

しかし、闘いのクライマックスに、事態は予想もしない方向に展開した。興奮しすぎた妹が二段ベッドから落ちたのである。手を差し伸べるヒマもなかった。ドサッという音がした。私は、妹がどうなっただろうとこわごわ下を覗き込んだ。

エイミーは、床の上に四つん這いの格好で着地していた。私はあせった。大事な妹だからというだけではない。両親が昼寝をする間、妹の面倒を見て静かに遊ぶようにと言われていたからだ。エイミーは痛さに顔をしかめ、今にも大声で泣き出しそうである。両親が目を覚ましたら大変だ。

「危機は発明の母」というが、私は七歳の頭で必死に考え、大急ぎで妹にこう言った。「エイミー、待って。ちょっと待って！　ほら自分のかっこうを見てごらん。人間はそんなふうに落ちられない。すごい、エイミーはユニコーンだ！」

もちろん口からでまかせだが、妹がユニコーンにあこがれていて、ユニコーンになりたいと思っていることを私は知っていた。案の定、泣き声はのどのところでピタッと止まり、困惑の表情が広がった。妹の脳の中で、身体的苦痛と、ユニコーンという新しいアイデンティティを得た興奮の、どちらを重視すべきかという葛藤が行われているのを、その目の中に見ることができた。幸いにも興奮が痛みに打ち勝ったようだ。妹は泣くのを止め、笑みを浮かべると、ベビーユニコーンらしい優雅な身のこなしで、二段ベッドによじ登ってきた。両親を起こして面倒を引き起こすことにもならなかった。

二〇年後に心理学が証明した真実を、幼い私たちがこのときすでに身をもって実証したのだとは、私はもちろん知らなかった。苦痛の中にある人にウソをついて幸福感を得られるようにできることを学んだ、などという意味ではない。このとき私が学んだことはもっと奥深い、人間の脳の科学的な真実である。

そのときこういう言葉を知っていたわけではないが、人間の脳というのは世の中を体験するための資源がきわめて限られた、いわば「シングルプロセッサ」のようなものだということを理解したのである。その資源が限られているために、私たちは選択を迫られる。経験の中の痛み、マイナス面、ストレス、不安だけを見つめるか、それとも感謝、希望、回復への期待、楽観、意味などを付加して見るかの選択である。もちろん意志の力だけで現実を変えることはできないが、脳の働きを使えば、経験の「情報処理」の仕方を変えることができ、対処の仕方もコントロールできる。幸福感というのは、自分を偽って感じるものでもないし、ネガティブなものを見て見ぬふりをすることでもない。脳の働きを調整して、現実の環境の中で上方へ向かう道が見出せるようにすることである。

♡アルキメデスの原理

古代ギリシャの偉大な科学者であり数学者でもあったアルキメデスには、こういう有名な言葉がある。「十分な長さのてこと、それを置くことのできる支点があれば、私は地球を動かして見せる」

二二〇〇年後、ハーバード大学の一年生の寮で、学生たちが試験前の勉強をしているのを眺めていたとき、私にも「ユーレカ（ひらめいた）！」の瞬間があった。私たちの脳もまた、アルキメデスの原理によって働いているということに思い至ったのである。

シーソーを思い浮かべてみよう。シーソーの支点は、両端のシートのちょうど真ん中にある。同じ四〇キロの少年が二人、支点から同じだけ離れたシートに座れば、（じっとしているのに飽きてしまうまでは）いつまでもバランスを保っていられる。では、四〇キロの少年と六〇キロの少年が座ったらどうだろう。小さい方の少年は宙に持ち上げられてしまう。大きい方の子が地面をけって飛び上がるか、シートから降りて小さい友達を地面に叩きつけるまでは、そのままである。

しかし、支点を動かせば状況は変わる。大きな子の方に支点を近づければ、その子の側が持ち上がりやすくなる。もっと近づければ、今度は小さい子の方が、大きな子よりも効果的に体重を使えるようになる。さらに近づければ、最後には小さい子はシーソーから降りても、指一本でシーソーを動かし、大きな友達を持ち上げることもできる。つまりエネルギーが働く点を動かせば、シーソーを「天秤」から「強力なてこ」に変えられるのである。

これがまさに、アルキメデスの言わんとしたことだ。十分な長さのてこと、それを置くことのできる台（支点）があれば、地球を持ち上げることさえできる。

私は、人の脳もこれと同じように働くのではないかと思った。潜在的な可能性を最大にする力は、二つの重要な要素に基づく。一つはてこの長さ、つまり「自分が持っていると信じる潜在能力や可能性」、もう一つは支点の位置、つまり「変化を起こす力を生じさせるマインドセット」の二つである。

つまり、よりよい成績を取りたいとがんばっている学生であれ、よい給料を取りたいと思っている下級管理職であれ、もっと学生にやる気を起こさせたいと願っている教員であれ、能力を発揮して結果を出そうとして、力任せにがんばる必要はないということだ。パートⅠで見てきたように、私たちの潜在能力というのは固定したものではない。支点を動かせば（つまりマインドセットを変えれば）、あるいはてこの長さを長くすれば、より大きな力（レバレッジ）を生み出すことができる。支点を逆に動かして、ネガティブな心が優位に立てば、地面から浮きあがることができない。支点をポジティブな方に動かせば、てこの力、レバレッジが増幅されて何でも持ち上げられる。

簡単に言えば、マインドセットという支点の位置を変え、可能性のてこを長くすれば、何が可能かが変わってくるということだ。私たちが何を動かせるかは、動かすものの重さによって決まるのではない。「支点」と「てこ」によって決まるのである。

◎支点を動かし、現実を変える

私は大学四年のとき、「アインシュタインの科学革命」という講座を取った。教えていたのは、私の知る限り最も情熱的な教員、ピーター・ガリソン教授である。コース最初の日、人文科学専攻の学生たちは、難しい内容の授業を予測して緊張していた。教授がコースを紹介している間、私は隣の友人に「アインシュタインが二〇年かかったことを、僕たちがどうやって中間試験までに理解できるんだろう」とささやいた。しかしガリソン教授は、このきわめて複雑な科学に、生命を吹き込んでくれた。

アインシュタインの「特殊相対性理論」によれば、多くの不動に見える宇宙の法則も、観測者によって違ってくるのだという。だから「客観的で固定的」に見える世界ではまったく不可能なことが、突然可能になるということがありうる。たとえば、ここに二人の人がいるとする。一人はじっと立っていて、もう一人は光の速さに近い速度で動いている。常識的に考えれば、二人とも同じように歳を取っていくと思えるが、実際にはじっとしている人の方が早く歳を取る。動いている人の時間は、じっとしている観察者と比べて膨張しているからだ。つまり、時間のように固定的で動かしようのないものでさえ、実際には動きに対して相対的である。アインシュタインによれば、距離も時間も、すべてが相対的であるという。現代の我々でさえこれが信じがたいなら、この理論が当時の古典的な秩序をもった物理学の世界に起こした波紋がどれほどだったか想像してみてほしい。

相対性というのは物理学だけの話ではない。私たちが経験するすべての瞬間は、脳によって主観的にそして相対的に認識される。別の言葉で言えば、「現実」というのは、それをどこでどのように見たかに基づき、その人の脳が相対的に理解したものにすぎない。大事なのは、この視点が変えられるということだ。視点が変われば、つまり「マインドセット」を変えれば、世界をどのように経験するかも変えることができる。「支点を動かす」とはそういう意味である。

ここに驚くべきストーリーがある。七五歳の男性たちが、時間を巻き戻した話である。

♡時間を巻き戻す

世の中に絶対確かなものがあるとすれば、それは時間が一方向にしか動かないということだろう。だが私のメンターである心理学者のエレン・ランガーは、それが間違いであることを見事に証明してみせた。

一九七九年、ランガーは、七五歳の男性のグループを対象にした一週間の実験を行った。男性たちはこの実験の目的を知らされず、単に一週間合宿所で暮らすということしか教えられていなかった。ただ、一九五九年以降の写真、新聞、雑誌、書籍などを持ってくることを禁じられた。到着した男性たちは部屋に集められ、「これから一週間、いまが一九五九年であると思ってください」と告げられた。一九五九年というと、彼らが五五歳だった年である。このシナリオを強化するために、その当時の服が用意され、その頃のようにふるまうようにという指示が与えられた。また、全員にその人の五〇代の頃の写真の入った身分証明カードが配られた。

一週間の合宿生活の間、彼らはアイゼンハワー大統領のこととか、その時代に起きたことを話すように促され、やがて、当時の自分の仕事のことを、まるで定年退職などしていないように、現在形で話し始める人たちも出てきた。コーヒーテーブルの上には、一九五九年当時のライフ誌やサタデー・イブニング・ポスト紙などが置かれている。男性たちが五五歳の目で世の中を見るように、すべてが設定されたのである。

ランガーはいたずら好きの心理学者である。四〇年近くにわたって、奇想天外なやり方で、科学者コミュニティの常識にチャレンジしてきた。今回の実験でも、彼女はきわめて急進的な仮説を立てていた。「人の精神構造、つまり人が自分自身をどうとらえるかが、老化の肉体的プロセスに直接影響する」ということだ。ランガーはそういう言葉で説明したが、要は、これら七五歳の老人たちの「支点（マインドセット）」と「てこ（可能性）」を動かすことによって、年齢という「客観的な」現実を変えられることを実証したかったのである。

そしてその通りのことが起こった。この合宿が始まる前、老人たちは、体力、姿勢、知覚、認知能力、短期記憶など、年齢と共に退化すると考えられている心身のさまざまな面のテストを受けていた。そして合宿の終わりに再び同じテストをすると、ほとんどの参加者はあらゆる面で改善がみられた。身体の柔軟性が明らかに増し、姿勢がよくなり、手の力もずっと強くなった。視力は平均して一〇パーセント近く改善し、記憶力テストも同様だった。半分以上の参加者は、これまで思春期以降は変わらないと思われていた知的レベルが向上した。そして外見さえも変わった。合宿の前と後に、無作為に選んだ、この実験のことを知らない人たちに、男性たちの写真を見せて年齢を当ててもらったのだが、合宿後の印象は到着したときと比べて三歳若く見えることが分かった。これは、身体や加齢に関する一般の理解をすべて否定する結果である。心の状態が現実に及ぼす力がいかに大きいかを示す画期的な発見と言える。

これから詳しく述べていくが、外的な「現実」というのは、私たちの多くが思っているより、はるかに融通の利くものである。また私たちがそれを見る「見方」に多く依存している。心の持ちようを変えれば、現実やそれによる行動の結果をコントロールする力は飛躍的に大きくなる。

♡歌うエグゼクティブ、プラセボ効果、ホテルの清掃員

コネティカット州スタンフォードのUBS証券で講演をしたときのことだ。集まった七〇人の経営陣の多くが疑わしげな目で私を見た。この証券会社は、大規模なリストラとレイオフ（一時解雇）の最中にあり、訴訟問題を抱え、株価が最高時の八〇パーセント落ち込むという事態にあった。そういう状況にある百戦錬磨のエグゼクティブたちに向かって、「♪漕げ、漕げよ、ボート漕げよ」と繰り返し頭の中で歌ってください、と頼んだからである（以前、ウォールストリートでこれをやったときには、「頭の中で」と言い忘れてしまい、調子外れの歌を延々と聞かされるハメになった）。

私の指示は、「目を閉じて、この歌を頭の中で繰り返し歌ってください。私が止めてくださいというまでそれを続けてください」というたって簡単なものだ。彼らはその通りにしてくれたが、疑い深い人は薄目を開けて、私がからかっているのではないか、ひそかに電気ショックでもかけようとしているのではないかと確かめようとした。私が神経質に時計を何度もチェックしていたので、それも無理もない。

しばらくして私は「歌を止めて目を開けてください」と言い、歌っていた時間がどれくらいだったかを、何分何十秒というように正確に紙に書き出すように頼んだ。ある人は二分と書き、別の人は四分と書いた。後ろの方に座っていた女性は四五秒と書いた。会場には七〇人いたが、答えはまったくバラバラで、三〇秒から五分と大きく差がついた。エグゼクティブたちは全員が自分の推測に非常に自信を持っていたが、もちろん正解はたったの一つしかなく、それはぴったり七〇秒だった。

私はこの実験を、およそ四〇カ国で行っているが、毎回答えに大きく差がつく（上海のときが最大で、二〇秒から七分まで分かれた）。言いたいことはもちろん、誰かにとって一瞬のことでも、ほかの人にとっては永遠のように感じられることがあるということだ。その人の心持ちによって、時間という客観的現実を経験する仕方が違う。おそらくこの歌あるいはこの実験そのものがバカバカしく退屈だと感じ、早く仕事に戻りたいといら立っていた人にとっては、時間が長めに感じられただろう。また、興味を感じて私の話に引き込まれていた人、あるいはこの短いリラックスタイムを楽しんでいた人にとっては時間が短く感じられたはずだ。誰もが知っている通り、楽しいときは早く過ぎるのである。

私がこのエクササイズが好きな理由は、心の持ちようがものごとの感じ方を変えるだけでなく、その経験の「客観的な結果」さえも変えてしまうことを科学的に示しているからである。みなさんは「プラセボ（偽薬）効果」という言葉を聞いたことがあると思うが、その効果が大きいことはすでによく知られている。患者に砂糖の丸薬を飲ませ、その薬が何らかの症状を軽減するのだと話すと、多くの場合は効果を表し、時には本物の薬と同じくらい効く。ニューヨーク・タイムズ紙に「プラセボ効果の大きさに専門家も驚愕！」というタイトルの記事が出たことがある。それによると偽の育毛剤で、禿げた頭に毛が生えたのだそうだ。また膝を負傷した人に、実際には行っていない手術を行ったと言うと、腫れが引き始めたという。

プラセボ効果を調べる実験を行った研究者は、「プラセボが痛みをコントロールする効力は、本物のアスピリンやコデインなどの薬の五五から六〇パーセントである」としている。心の状態を変えただけで、つまり自分は本当の薬を飲んでいると考えただけで、客観的な症状を実際に消失させるだけの力を発揮するのである。

それから逆のプラセボ効果というのもあって、私はこれはさらに面白いと思う。私が最高だと思うのは、日本の研究者たちが行った実験である。実験に協力した学生たちを目隠しし、彼らの右手にウルシの汁をこすりつけると告げる。やがて一三人全員の右手に、かゆみ、腫れ、発赤など典型的なウルシによるかぶれの症状が現れた。当然じゃないかと思うだろうが、実はこすりつけたのはウルシの汁ではなく、まったく無害な木の樹液なのである。それをウルシだと思い込んだため、実際にはウルシに触りもしないのに、生物学的な反応を生じたというわけだ。

次に学生たちの左手に、本物のウルシの汁をこすりつけた。しかし彼らにはこれは無害な植物であると伝えた。参加した一三人はすべてウルシに強いアレルギーがあったにもかかわらず、わずか二人しか発疹が出なかったという！（私はこの実験を素晴らしいと思うが、ことに、ウルシにアレルギーのある学生たちにウルシを塗りつけるという実験に、許可が下りるところがすごいと思う。ハーバードでこんな実験の許可を取ろうとしたら、何カ月もかかるに違いない）

いま起きている、あるいはこれから起きると考える「相対的な認識」が、実際に起きることに影響するというのはどうしてなのだろう。一つの答えは、私たちが次に起こるだろうと予測することに、脳が反応するようにできているということだ。これを心理学者は「期待理論」と呼ぶ。ニュースクール・フォー・ソーシャルリサーチの神経科学者、マーセル・キンズボーン博士は、期待は脳に何らかの反応を生じさせるが、それは現実世界のできごとによって生じるのと同じくらいに本物でありうると説明している。言いかえれば、あるできごとが起きるに違いないと考えると、脳の中で、それが実際に起きたのと同じくらい複雑なニューロンの発火が起き、神経組織に次々と連鎖的な動きが生じ、結果的に本物の身体的な症状が現れてくるのである。

職場においても、何かを信じることが、努力や働きの具体的な結果を変えることがある。これは単なる「理論」ではない。多くの正式な科学的研究によって実証されてきた。

二、三年前、七つのホテルの清掃員を対象に、こんな研究が行われた。私の昔の学生で現在はイェール大学の研究員であるアリ・クラムと、エレン・ランガーの共同研究である。彼らはホテルの清掃員を半分に分け、片方のグループに、この仕事によって彼らが毎日かなりの運動をすることになると伝えた。どれだけのカロリーを燃焼するかということや、掃除機をかける身体の動きは、心肺機能を高める体操と同じ効果があるということなどを説明した。他方のグループには何も伝えなかった。

数週間後、仕事は運動効果があると伝えられた清掃員たちは、実際に体重が減り、コレステロール値も下がっていた。いつもより余分に働いたわけでもないし、仕事以外の運動をしたわけでもない。変わったのは、彼らの脳が自分の仕事をどのように捉えたかという点だけだ。このポイントは非常に重要なので、ぜひ理解してほしい。


“日々の行動を自分の心がいかにとらえているかが、その行動自体よりも現実を決定する”

♡一日を二四時間以上にできるか

時間が相対的な性質をもつということを分かっていただけたと思う。それなら、一日の勤務時間に対する見方を変化させれば、もっと能率が上がって生産的に（そしてもちろん幸福に）なれるのではないだろうか。現実は、支点をどこに置くかによってさまざまに経験しうるのだから、「なぜ一日は二四時間しかないのか」が問題ではなく、「どうしたら一日の相対的な経験を、最も有効に活用できるか」が問題になってくる。

最も成功している人たちは、ポジティブなマインドセットをもっているので、職場における日々を気分よく過ごせるだけでなく、ネガティブなマインドセットの人よりも、長時間、熱心に、より早く働くことができる。つまり時間そのものを（相対的な意味で）コントロールできるのである。一週間が二四時間掛ける七でできているというのは、客観的な時計とカレンダーの計算でしかない。ポジティブな姿勢をもった人は、誰にも同じように与えられている時間を、より効率的で生産性の高いものにしている。

最近出席させられた、だらだら続いた長時間の会議を思い出してみよう。最初の三分間で、この会議はとてもまとまりそうにないなと思っただろう。あるいは会議の目的そのものに興味が感じられなかったかもしれない。そうなると突然、その会議に費やされる二時間が、途方もない時間の無駄に思えてくる。気力が失われ、生産性もモチベーションも落ち込んでしまう。だがこの同じ会議をチャンスととらえ、自分だけの目標を作り出したらどうだろう。たとえば、この会議の間に新しいことを三つ覚えるぞと決心することもできる。だが、多くの会議のように中身から学ぶことがなければどうするか。そういうときはクリエイティブに考えることだ。たとえば、目の前で話している人から、プレゼンテーションの方法に関して参考になることはないだろうか。この同じ内容を、自分ならどんなふうにプレゼンテーションするだろうとか、同僚から厄介な質問が出されたとしたら、どう答えるのがベストだろうとか、パワーポイントのバックグラウンドの色は、何色が一番いいだろうか、などと考えてみてもいい。

また、日々の仕事で、こういう会議と同じくらい退屈なものについても、同様に考える。「つまらない、退屈だ」と考えれば考えるほど、本当にそうなってくる。私はこの章の内容に関するリサーチをしていたとき、自分の脳がまさしくこの罠にはまりかけるという体験をした。

私は、心理学の本をコーヒーショップで読むのが好きだ。読んだことを同僚や学生にしゃべるのも楽しい。私の脳はそれを「楽しみ」とか「遊び」ととらえていたのだと思う。しかし、この本を執筆するにあたり、締め切りというものができ、リサーチのために多くの研究論文を読まなければならなくなった。そのとたんに私の心の状態は変化した。心理学の本を読むことが突然「しなければならない仕事」になり、私の脳はいつも楽しんでいたその行動を避けようとする。いままでてきぱきと楽しんでやっていたことを、しぶしぶ重い足取りでやるようになった。

私はこういうときこそ、支点を動かすべきじゃないかと気づいた。本を読むことを「つまらない仕事」のように定義してしまっていたので、意識的にそれを「自分を豊かにするための読書」と変えることにした。また、この仕事を人に話すときに使う言葉も変えることにした。スターバックスで、幾人かの友達に「こういう論文を読むことが楽しくてしょうがない」と話した後には、実際にそういう気分になっていた。

時間の制限に対する見方を変えることも有効だった。タル・ベンシャハーは、「デッドライン」という言葉は、非常にネガティブな言葉だと言っているが、私も本当にそうだと思う。彼はその代わりに「ライフライン」という言葉を好んで使う。私の場合も、時間の制約を完全に無視して、自分のしていることから得られる本質的な価値のことだけを考えたときに、仕事に対する新しい情熱が生じた。また、読んでいる資料を、「後でどうやって使おうか」と考えるのを止めることにした。行動の「結果」にだけ注目するのではなく、「手段」そのものを楽しむことができたときに、そういうマインドセットが、楽しみだけでなくよりよい結果ももたらしてくれるのである（私の原稿も締め切りに間に合った）。

自分の仕事をどう見るかが、実際にそれをどう経験するかを決める。これは、遊びに関しても同様である。自由な時間、趣味の時間、あるいは家族と過ごす時間を「非生産的」と捉えるなら、それは本当に時間の無駄となる。

私がコンサルティングを行ったビジネスリーダーやハーバードの学生たちの多くが、まぎれもない「ワーカホリック（仕事中毒）の呪い」の症状を呈していた。彼らは仕事や勉強のために費やす時間以外はすべて能率の妨げと考え、時間の浪費と考える。あるマレーシアの通信会社のCEOはこう言った。

「私は生産的でありたいと思っていた。そのほうが気分がいいからだ。だから、できるだけ長時間働いた。しかしあとで分かったことだが、私は生産的という言葉を狭く定義しすぎていたようだ。仕事以外のことをすると罪悪感を覚えるようになってしまった。運動をすることも、妻と過ごすことも、リラックスすることもすべて、仕事以外は生産的ではないと感じ、自分を充電するゆとりもなかった。そして皮肉なことに、働けば働くほど生産性が落ちていった」

前章で学んだように、好きなことに夢中になる時間を持つことが、かえって仕事の生産性を高める。仕事だけをひたすらやり続けるというのは、決してよい結果につながらない。ホテル清掃員の例で分かるように、何も考えずに漫然と身体を動かしていただけでは、運動の効果も出ないのである。夕食時の家族だんらんや、数独や友達との電話でのおしゃべりを「時間の無駄」と捉えるなら、そういう時間が与えてくれるはずの恩恵を得ることはできない。しかし支点の位置を変えて、そういう余暇を、新しいことを習ったり練習したりする時間、自分を充電する時間、周りの人たちとの絆を深める時間だというふうに考えれば、その余暇が与えてくれる恩恵は大きくなり、力を得て仕事に戻ることができる。

◎可能性のてこ

仕事に対するマインドセットは、業績に影響するだけでなく、その人の「能力そのもの」を変える。つまり、自分の能力を信じれば信じるほど、成功するということだ。最もらしい精神主義みたいに聞こえるかもしれないが（実際に、こういうことを唱える怪しげな人たちは昔からたくさんいた）、ここ二〇年ほどの間に、数多くのまじめな科学的研究がそれを裏付け始めた。

自分の人生はよい方向に行くと信じるだけで、モチベーションも仕事の成果も上がるということも実証されている。つまり、成功というのは「自己達成的な予言」だというのである。一一二人の新人会計士を対象に行った研究では、自分で決めた目標が達成できると信じていた人は、一〇カ月後に上司から最も高い評価を得た。自己能力に対する信念の度合いが、実際に測定された能力レベルや、これまでどんな研修を受けてきたかよりも正確に、仕事の成果を予測したというのは驚くべきことだ。

さらに重要なことは、自分の能力を信じるかどうかが、あらかじめ備わった特性ではないということだ。心の状態が流動的なのと同じように、自信もまた変化する。マーガレット・シーと彼女のハーバード大の同僚たちが行ったこんな研究がある。アジア人女性を集め、二度、別々の日に似たような数学のテストを受けてもらった。一回目はテストの前に、女性は男性に比べて数学が苦手であるという事実を考えさせた。二回目のテストの前には、アジア人はほかの人種と比べて数学の能力が高いとされていると話した。その結果、二回目のテストの成績は最初のテストと比べてはるかに高かった。彼女たちの数学のIQは一回目と二回目で変わっていないし、問題の難度も同じだ。しかし二回目のテストでは、彼女たちは自分の能力に前よりも自信を持った。それだけで成績に大きな差が出たのである。

二〇〇八年の大統領選挙の直後、実験ではなく現実の状況でこのことが実証された。内在化した人種のステレオタイプが、黒人と白人の生徒の成績のギャップを作り出しているということは、これまでの何十年もの研究の結果から分かっていた。テスト用紙に人種を書かせると、黒人の生徒の成績が落ちるという研究結果も報告されている。この歴史的選挙の前、ある研究チームが、一人のアフリカ系アメリカ人がこの国のトップに上り詰めるという事実が、黒人と白人の成績のギャップに変化をもたらすのではないかと考えた。彼らは、選挙の前とすぐ後に、四〇〇人のアメリカ人生徒を対象に、二〇問からなる標準テストを実施した。選挙前のテストでは、黒人生徒はやはり白人生徒よりも成績が悪かった。しかし選挙後のテストでは、黒人生徒の成績は飛躍的に向上し、白人との差は完全になくなった。ニューヨーク・タイムズ紙はこのことを「オバマ大統領は、人々を鼓舞するロールモデルとなった」と報じた。ロールモデルの登場が、これまで黒人生徒の成績向上を妨げていた自己不信を消し去ったのである。これは単独の研究であり、またその効果はおそらく一時的なものであるが、自信がどれほどその人の能力に影響するかが明白に表れている。

「アイドロジー」というリーダーシップ研修の会社では、トレーナーが受講者たちによくこんな質問をする。「今日あなたは、どんなアイデンティティを持っていますか」

もし自己不信に陥っているのならば、仕事でよい成果を出すことは到底望めない。だから、難しい仕事や困難に立ち向かうときには、失敗する理由ではなく、成功する理由を総動員してそれに注目し、自分に競争優位性を持たせなければならない。足りない能力のことではなく、自分が持っている重要な能力のことを考える。また、過去に同じような状況を切り抜けてきたことを考える。困難な仕事をするときには、自分の具体的な強みに注目することが最高の結果につながるということが、何年にもわたる研究によって証明されている。

この方法は、どんな状況にも使うことができる。たとえば感謝祭のディナーの準備を任されたたとする。料理がうまくいかなかったらどうしようと不安なら、自分は時間管理が得意で、指示に従うのも上手だから、レシピ通りにきちんとできるはずだと考える。あるいは、大きなプレゼンテーションをすることになったが、人前でしゃべるのは苦手だというなら、どれほど周到に準備をしたかとか、資料に関する調査は完璧だということに、意識を集中する。

自分の弱点を見て見ぬふりをするとか、空っぽの自己肯定をするとか、能力以上の仕事を引き受けるというようなことを言っているのではない。十分な努力をした上で、自分が本当に得意なことに注意を集中するということである。前章で述べた「固有の強み」のことを覚えているだろうか。自分の強みリストの中から、いま直面している困難に使えそうな強みを選ぶといい。私は新しい内容の講演をする場合、それが聴衆にどう受けとめられるか不安なときには、自分は人の表情を読むのが得意であり、その能力があれば聴衆と気持ちが離れることはないと考える。こういうふうに気持ちを持っていくと、講演のできは明らかによくなる。自分の記憶力の悪さとか、しゃべりながら歩き回る癖などを気にし始めてしまうと、いい結果にはならない。

♡知性を伸ばすこともできる

自分が持っている能力を信じること以上に重要なのは、その能力をいまよりさらに向上させられると信じることである。スタンフォード大学の心理学者キャロル・デュエックがこの理論を実証した研究は、これまでで最も説得力がある。この研究は、人が自分の知能を変えられると信じているかどうかが、仕事の成果に直接的な影響を及ぼすことを示した。

デュエックは、人は「固定したマインドセット」を持つ者と「成長のマインドセット」を持つ者に分かれるという。「固定したマインドセット」の持ち主は、自分の能力はもともと決まっていると考え、「成長のマインドセット」の持ち主は、努力によって自分の基本的能力を伸ばせると信じている。「成長のマインドセット」も、生来の資質というものがあることを否定するわけではなく、デュエックによれば「人は、もともとの素質、適性、興味、性向において異なっているが、適応と経験を重ねることによって変化し成長していく」という考え方である。「固定したマインドセット」の人々は、成長の機会を逃し、常に劣った成果しか出せないのに対し、「成長のマインドセット」の人は常に能力が向上していく、ということが実証された。

デュイックは同僚との共同研究で、中学一年生三七三人を対象に、「固定」と「成長」のどちらのマインドセットを持っているかを調べるテストを行った。それから子どもたちの学業成績を、その後二年間にわたって追跡した。子どもたちのマインドセットは、次の学年に上がる頃には、数学の成績に大きな影響を及ぼしていた。「固定」の子どもたちの平均点がほとんど変化しなかったのに対し、「成長」の子どもたちは、平均点が上昇の軌道を描いた。この変化が起きたのは、自分は成長できると信じていた子どもたちだけだった。研究グループは、「成長のマインドセット」がどうして成功をもたらすのかについて、いくつかの推論を行っているが、基本的にはモチベーションが高まるということである。努力すればポジティブな変化が起きると信じている人は、一生懸命に努力し、無力感に屈しないのだ。

信じることが非常に大きな力を持つのは、それが人の努力や行動を支配しているからである。香港で行われたデュイックの別の研究によると、「成長のマインドセット」は潜在的可能性を最大にするが、「固定したマインドセット」は成長を止めてしまう。香港大学では、授業も教科書も試験もすべて英語なので、英語がよくできることがよい成績につながる。しかし多くの学生は、入学当初英語が堪能ではない。だから、すぐにもそれに対して何らかの手を打つのが望ましいわけだ。調査チームは、入学してきた学生たちに次のような質問をした。「学校側が、英語力向上が必要な学生のための補習コースを行ったら、参加しますか」

次に、一人ひとりの学生について、マインドセットを調べた。自分の知的能力は決まっていると考えているか、それとも変えられると考えているかを尋ねたのである。その結果、「成長のマインドセット」の学生はみな、英語の補習コースに「喜んで参加する」と答えており、「固定したマインドセット」の学生のほとんどは「見送る」と答えていた。自分の力は変わりうると信じている人は、成績をよくするための行動を次々に取ろうとする。そうでない人は、同じ機会を与えられても、無駄にしてしまう。

現実は、それを自分がどうとらえるかに大きく影響される。それを理解すると、私たちの実際の現実は、幸福度全体の約一〇パーセントにしかかかわっていないということが納得できる。幸福に関する科学的研究のリーダー的存在であるソーニア・リュボミルスキーは、「『幸福の追求』という言葉がよく使われるが、『幸福の創造』とか『幸福の構築』という言葉を使うべきだ。研究の結果が示すように、幸福は自分が作り出すものである」と書いている。これはどんな分野の成果や成功についてもいえる。自分自身や自分の仕事をどのようにとらえるかを変えれば、成果は劇的に改善できるのである。

◎「てことその支点」を使って天職を見つける

イェール大学の心理学者エイミー・ウェズニスキーは、仕事のとらえ方が業績に与える影響を長年にわたって研究してきた。何百人ものあらゆる業種の労働者を面接して、仕事に対する姿勢、つまりマインドセットには、三種類あるという結論に達した。それは「勤め」「専門職」「天から与えられた使命」という三種類のとらえ方である。

「勤め」だという人にとって、仕事は単に作業であり、給料はそれに対する報酬である。働かなければならないから働いているのであって、いつも次の休みの日を心待ちにしている。「専門職」と考えている人は、必要だから働くというだけでなく、技能を高めてさらに成功したいと考えている。仕事に時間やエネルギーを投じ、よい仕事をしたいと思っている。また、「天から与えられた使命」と思っている人にとっては、仕事そのものが目標である。報酬が得られるからではなく、その仕事が世の中のためになり、自分の強みを活かすことができ、仕事に意味や目的が感じられることで満足感を得る。天職と考える人は、仕事に大きなやりがいを感じているので、熱心に長時間働く。結果として彼らはよい成果を上げ、他に抜きん出る。

すでに自分の仕事を天職だと思っている人にとって、これはよい知らせだ。だがそうでない人も、がっかりすることはない。ウェズニスキーの最も興味深い発見は、人々の仕事のとらえ方に三種類あるということだけではなく、それが仕事の内容によって決まらないということだ。医師でも自分の仕事を単なる「勤め」と考えている人もいるし、清掃作業員の中にも、仕事を天職だと考える人もいた。二四人の事務アシスタントを対象にした調査では、彼らの仕事は、作業の内容、給料、必要な教育程度などの点で、客観的に見てほぼ同様だと思えるのに、仕事に対する姿勢は、ほぼ三分の一ずつ三種類に分かれたという。

これが意味することは、自分の仕事をどう認識するかが、マインドセットと同じように、仕事の成果に影響するということだ。つまり、仕事をしていて幸福が感じられないという人は、職場をやめたり、職業を変えたり、自分探しの旅に出かけなくても、仕事生活をより満足できるものにすることが可能である。組織心理学者はこれを「ジョブ・クラフティング」と呼ぶが、結局はマインドセットを調整するということにすぎない。ウェズニスキーが言うように、「仕事の意義を考えることによって新しい可能性が開かれる」のであり、それは「人がそれぞれ自分で構築するもの」なのである。

どうすればそうできるだろう。自分の裁量で仕事に変化を加えることができないという場合は、自分がやっていることにどんな意味や喜びがあるかと考えてみればいい。たとえば、ここに地元の小学校で働く二人の用務員がいる。一人は、毎晩掃除しなければならない汚れた教室のことを考えてうんざりしている。もう一人は、自分は子どもたちのための清潔で健全な環境作りに貢献しているのだと思っている。二人は毎日同じ仕事をしているのだが、マインドセットの違いが、仕事に対する満足度、充実感、そして仕事の完成度を決定する。

私は企業にコンサルティングをする際、社員たちに自分の「職務記述書」を書き換えることを勧める。自分の仕事を、ほかの人がぜひやりたいと応募してくるように書き表すとどうなるかを考えてもらうのである。タル・ベンシャハーはこれを「天職記述書」と呼ぶ。別に事実を曲げるわけではなく、その仕事から得られる意義を強調するのが目的である。

次に私は、自分の人生の目標のことを考えてくださいと言う。いまの仕事は人生のより大きな目標にどうつながるだろうか。どんなささいな仕事も、それを個人的な目標や価値観と結びつければ、そこに大きな意味を持たせられることが、研究の結果分かっている。日々の仕事を個人的なビジョンと同調させれば、私たちはその仕事を天職と見ることができるようになる。

こんなエクササイズをしてみよう。紙を横にして、左半分に、やらなければならない仕事だがあまり意味が感じられないものを書き出していく。それから自問する。この仕事の目的は何だろう。これを達成したらどうだというのだろう。それぞれの仕事の横に矢印を書いて、そこに答えを書きつけていく。そしてその結果からさらに何が生じるのか、また矢印を書いて書き出す。自分にとって意味があると思えるものに到達するまでこれを続けていく。こうすると、どんなささいな仕事も何かしら大きな目標につながることが分かり、モチベーションとやる気がわいてくる。たとえば法律学の教授が、研究以外の事務作業が耐えがたいと思っているとする。そういう事務作業を書き出して、それが何か大事だと思えること、たとえば次世代の若き法律家たちに、成功に必要なリソースを与えるというような目的に行き着くまで、矢印をつなげていけばいい。

先に紹介したチップ・コンリーは、革新的なホテル経営者である。従業員によい仕事をさせるのに、同様のこんなやり方を用いる。「いまの肩書を忘れなさい。自分がお客の人生に与えたインパクトによってお客が決めるとしたら、お客が自分を何と呼んでくれるかと考えなさい」と言うのである。自分の仕事をこういう大きな目的に結びつけたときには、日常の仕事がより楽しいものになるだけでなく、誠心誠意働くようになるので、優れた成果となって表れる。

♡イルカを救うために働いているわけではない

ある夏私は、ニューヨークにある、フォーチュン五〇〇企業の一社で講演をした。上級レベルのエグゼクティブが私を、八〇人ほどの営業担当者たちに紹介した。まだ話をする前なので、講演の内容をよく知らない彼は、この研修の意義を適当にしゃべった。「みなさんはカネを稼ぐために働いているんだと思う。ここ二四半期ほど、報酬が下がってきているので、さぞ面白くないことだろう。これは幸福に関する研修だと考えずに、もっとカネを稼ぐのに役に立つのだと考えてほしい。あからさまに言えば、カネを稼ぐことが一番大事なんだ。我々はイルカを救うために働いているんじゃないんだから」

何人かは苦笑していたが、私は笑えなかった。このエグゼクティブは、社員を失敗させるように導いていることに気づいていない。彼が伝えたのはまさしくこういうメッセージだ。しかし君たちの「イルカを救うのは意義のあることで、世の中にポジティブな影響をもたらす。仕事は、カネを稼ぐということ以上に何の意味も価値もない」

彼はセールスパーソンたちに、彼らの仕事は単なる「勤め」であって「天職」ではないと強調したことになる。

イルカの比喩はその効果をてきめんに現した。会場のムードが一気に沈むのを見て、私は心が痛んだ。少し前まで、研修のタイトルである「職場の幸福度」についてにぎやかに話していた人たちにも、かすかながら明らかな、失望、悔しさ、いら立ち、恥ずかしさ、それに白けた感情が見て取れた。従業員のやる気を失わせる一番手っ取り早い方法は、「その仕事はカネを稼ぐだけの意味しかない」と言うことだ。

すべての仕事に同じだけの意味があると言っているのではない。だが、機械的な決まり切った仕事でも、そこに時間と努力を投じるだけの理由を見出せれば、意味のある仕事となる。そうすれば一日の終わりに、自分は賢明さや能力を周囲に示すことができた、顧客を助けたり役に立ったりした、技能が向上した、失敗したけれどそれから学ぶことができたなど、何かを成し遂げたという気持ちになれる。

私は、テキサスの実家の近くのスーパーで、レジの袋詰めをしている高校生たちに出会ったことがある。彼らはまるでそれが天職のように働いていた。もちろん彼らはその仕事を生涯やろうと思っているわけではない。しかし精一杯にその仕事をしていた。また私は、一億ドルの会社を設立した何人かの起業家にコンサルティングをしたことがあるが、彼らは仕事にうんざりしていると言った。世界で一番素晴らしい仕事を得たとしても、そこに意味を見出せなければ、楽しむことはできない。映画監督であれ、NFLの選手であれ同じことだ。

◎周囲の人の「てことその支点」を変える

これまで見てきたように、適切な言葉には人の心を変え、仕事の成果まで変えてしまう力がある。ホテルの清掃員たちに、彼女たちの仕事がどれほど運動になるかをちょっと知らせただけで、体重を減らすことができた。アジア人女性たちに、生来の知的能力のことを思い出させただけで、数学のテストでよい成績を取らせることができた。これらの研究は、マインドセットがどれだけ成果に影響するかを示していると同時に、私たちが他者の心にどれほど影響を及ぼせるかを示すものでもある。いくつかのキーワードを適切なタイミングで使えば、大きな違いを生み出すことができる。

私たちの持つそういう力が、周りにいる人の仕事の成果に、プラスにもマイナスにも、どれほど影響を与えているか想像してみてほしい。たとえば高齢者のグループに、加齢と共に認知能力が落ちてくるものだという話をすると、その後に行った記憶力テストの結果は、そういう話をしなかったグループよりも悪い。同様に、部下たちを励まそうとして、彼らの弱点を指摘するマネジャーは、自ら状況を悪くしている。逆に、いままで見てきたように、マネジャーが部下たちの能力を信頼していることをオープンに表せば、部下の気分やモチベーションが改善するだけでなく、成功の確率も高めることになる。

一見単純な仕事をどのように説明するかによっても、結果に違いが生じる。こういう実験がある。実験の参加者を二つのグループに分けそれぞれ「ウォールストリート・ゲーム」と「コミュニティ・ゲーム」をやってもらう。実はこの二つはまったく同じもので、困難な状況で人々がどのくらい進んで協力するかを測るように作られたゲームである。

しかし、コミュニティのことを考えるゲームだと思った人たちは、ウォールストリートのゲームだと考えた人たちよりも、はるかに協力的だった。私たちが人々に期待することは（あるいは自分自身に期待することは）、使う言葉にはっきりと表れる。そしてその言葉は最終的な成果に大きく影響する。このあとの章でも出てくるが、最も優れたマネジャーやリーダーは部下との対話を、彼らの能力を引き出す機会ととらえている。

♡ピグマリオン効果

ローマの詩人オウディウスによると、彫刻家のピグマリオンは大理石のかたまりを眺めて、その中に閉じ込められている彫像を見ることができたという。特に彼には望みうる最高の理想像があって、それは彼がガラテアと名付けた女性像だった。ある日、彼はその理想像を生み出すために大理石を彫り始めた。そしてようやく完成した作品を、彼は後ろへ下がってしみじみと眺めた。それは本当に美しかった。ガラテアはただの女性をはるかに越えた存在であり、すべての希望、夢、可能性、意味、美の象徴だった。ピグマリオンは恋せずにはいられなかった。

もちろんピグマリオンは石像に恋をするほど愚かではない。彼の理想が生命を得る可能性に恋したのである。彼は愛の女神のヴィーナスに、ただ一つの願いを聞いて、この理想を現実にしてほしいと頼んだ。願いは聞き届けられた、と少なくとも神話はそう語る。

さて時間を早送りして、今度は二〇世紀の話である。ある非常に有名な心理学の実験が行われた。ロバート・ローゼンタールを中心とする研究者のグループは、ある小学校で知能テストを行った。彼らはそのあと各クラスの教師に、彼らのクラスに素晴らしい素質を備えた児童（サム、サリー、サラとしておこう）がいて、その子たちはこれから伸びる最大の可能性を持っていると伝えた。また彼らは教師たちに、そのことを本人に言わないように、またその子たちに教える時間を増やしたり減らしたりしないようにクギを刺した。そして教師たちがそういうことをしないように監視するとも言った。一年後、児童たちは再び知能テストを受けた。サムとサラの知的能力は、飛び抜けてよくなっていた。

それは当然じゃないかと思うだろう。だがこの話には、O・ヘンリーの小説のような予想外のオチがついているのだ。実はこのサムとサリーとサラは、最初のテストできわめて平凡な成績だった。研究者はまったく無作為に彼らの名前を抜き出し、教師たちにウソを言ったのである。

しかし一年後、この子どもたちは本当にスーパースターになっていた。

ごく普通の児童たちを飛び抜けて優れた児童にしたものは何だったのだろう。教師たちは直接子どもたちに何も言わなかったし、特別に時間を割いて教えたりしなかった。だが決定的なことが二つ起こっていた。一つは、教師たちがこれらの児童の潜在的可能性を信じたことが、言葉以外の方法で無意識のうちに伝わったということ。もう一つさらに重要なことは、これらの言外のメッセージが児童に伝わって理解され、それが現実のものになったということだ。

この現象は「ピグマリオン効果」と呼ばれる。誰かの潜在的可能性を信じれば、その可能性は命を吹き込まれる。小学二年生のクラスで才能を見いだそうとするときにも、朝のミーティングで部下たちに話をするときにも、「ピグマリオン効果」は起こりうる。我が子、同僚、夫や妻に対してもつ期待は、言葉に表すかどうかにかかわらず、その期待が現実のものとなる。

♡ピグマリオン効果を利用して、チームのモチベーションを高める

一九六〇年代、MIT（マサチューセッツ工科大学）のダグラス・マクグレガー教授は、「マネジャーは、人のモチベーションに関する二つの理論のうちのどちらかを支持している」と論じたことで有名である。理論Xは「人が働くのは報酬をもらえるからだ」というもの。だから部下は見張っていなければさぼると考える。理論Yはその反対で、「人は仕事そのものから得られるモチベーションによって働く」というもの。人はいろいろ指図されないとき、またよい仕事をする満足感のために働くとき、より一生懸命働き、結果的にいい仕事をするというものである。

研究者たちは、XタイプあるいはYタイプの部下が、それと反対のタイプのリーダーのもとで働くときどういうことが起こるかを調べようとしたのだが、そこには明らかな問題があることに気がついた。反対のタイプの部下を持っているマネジャーがほとんど見当たらないのである。理論Xを信じているマネジャーの部下は、絶えず見張っていなければさぼり、理論Yを信じているマネジャーの部下は、自分の仕事を愛して働いていた。つまり、部下たちはその上司のもとで働き始める前にどんなモチベーションを持っていたかにかかわらず、マネジャーが彼らに期待する通りの部下になっていくということだ。これはまさに「ピグマリオン効果」である。

これはまた、「自己達成的予言」の典型的な例でもある。人は周りがその人に期待する通りに行動する。つまりリーダーがこうなるだろうと思うことが、部下を動機づけ、結果としてその通

りになる。前述したフォーチュン五〇〇企業のエグゼクティブが、社員はみな「給料のために働いている」のであって、「イルカを救うため」ではないと思えば思うほど、部下たちのモチベーションはXタイプに近づき、仕事に意味を見出すことから離れていく。また、悲観的で冷淡なマネジャーの下で働いている部下に、楽観的でモチベーションの高い人はほとんどいない。リーダーの考え方に、部下はならうのである。

したがって「ピグマリオン効果」がビジネスにおいて非常に強力なツールとなりうるというのは、しごく当然のことだ。部下が三人だろうと三〇〇人だろうと、チームの能力を決定づけるのは、チームに誰がいるかではなく、リーダーがそのチームにどう「てこ」を用いるかである。リーダーは月曜日ごとに、自分にこれら三つの質問をしてみるといい。

①部下の知性とスキルは固定したものではなく、努力によって改善できるということを信じているか？

②部下がその努力をしたいと思っていることを信じているか？　彼らが仕事に意味と満足を見出したいと思っていることを信じているか？

③これらを信じているということを、自分の日々の言葉や行動によって部下たちにどう伝えればいいだろうか？

♡スーパーマンのマント

いくつかの州では、ハロウィンの仮装用に売り出されるスーパーマンのマントに、「これを着ても飛べません」という警告をつけることを義務づけている。笑い話のようだが、これは「心のレバレッジ化の法則」にも警告が必要なことを思い出させてくれる。支点をポジティブなマインドセットに移動させるのは重要なことだが、それも度を過ぎてはいけない。自分の可能性に対して、あまりに非現実的な期待を持つことには注意が必要だ。

私たちの経験はその多くが相対的で、心構えによるところが多いのだが、そこにももちろん具体的な制約がある（たとえば重力とか）。そこでパートⅠの「人は変わることができる」という章で掲げた質問に戻ろう。自分の潜在的可能性はどうすれば分かるのか、そこにはどんな制限をもうけるべきか、という問題である。ランニングシューズに「一マイル四分以下で走ろうとしてはいけません。怪我をする危険があります」という警告をつけるべきだろうか。

そのような警告が必要なときももちろんありうる。限界を人工的に無理に動かそうとすれば問題が起きる。しかし私の研究分野が試みていることは、限界とされている線をすでに超えているポジティブな「異常値」に注目することによって、人が可能性の限界だと思い込んでいるものを動かせないかということだ。その可能性の限界をできる限り遠くに押しやり、人が上司、両親、教師、あるいはメディアが設ける制限の中に閉じ込められずにすむようにしたい。

もちろん、人は単に飛べると信じただけでは飛べない。しかし、信じることなしに、人間が地上を離れることは決してなかっただろう。科学の歴史が示しているように、もっとできると信じたから、（あるいは他の人が信じてくれたから）もっとできたのであり、それこそが、人類が多くのことを達成してきた理由にほかならない。

何かに挑戦するときに一番大事なことは、世界が固定したものだと考えるのをやめることだ。実際には、現実というのは相対的なものにすぎない。私たちは七五歳の老人が生物学的な時計を戻したのを見てきた。また、適切な言葉や信じることがテストの結果をよくすることも知った。さらに、誰もが単なる「勤め」だと思っている仕事に、天職を見出す人がいることも見てきた。しかしこれらは、私たちを取り巻く客観的な世界が「マインドセット」にどれほど影響されるかを示す、ごく一部の例にすぎない。

このあとのいくつかの章では、ポジティブなマインドセットをどのようにして養い、それを活用して、どのように仕事や組織において成功できるかを詳しく述べようと思う。

法則3　テトリス効果

――可能性を最大化するために脳を鍛える

二〇〇五年九月の寒い朝のこと。マサチューセッツのウィグルスワースにある寮を出た私は、もう少しでパトカーを盗むところだった。もちろんそんなことをすれば、自分のキャリアが台無しになることは間違いない。私の仕事はポジティブなロールモデルになることで、しかも感受性の強い若い学生たちに責任感というものを教える立場にあるのだ。

ではいったい何が、私にそんな気持ちを起こさせたのだろう。信じられないだろうが、それは「グランド・セフト・オート」と呼ばれるテレビゲームだった。それを朝の四時までやり続けたあとだったのである。

五時間ぶっ続けでこのゲームをしているうちに、私の脳には次のようなパターンが出来上がってしまった。盗めそうな車を見つける。カーチェイスを逃げ切る。報酬を得る（むろん架空のカネである）。もちろんこれは単なる馬鹿げたビデオゲームで、現実世界の私の行動に影響するはずがないものだ。しかしあまりにも長時間それを繰り返していたため、ひと眠りして目覚めたときに、脳がまだその思考パターンから抜け出していなかった。

そういうわけで、マサチューセッツ通りにさしかかったとき、つい盗めそうな車がないかと周囲を見回したのである。すると、盗むには最高の車、パトカーがなんと一メートル半ほどのところに停まっているではないか。これだ！と私の脳は小躍りした。理性が口をさしはさむ前に、私は夜じゅう練習したパターンに沿って行動し始めていた。

ケンブリッジ・ポリスクルーザーのピカピカ光るドアの取っ手に手を伸ばしたとき、体中をアドレナリンが駆け巡るのを感じた。運転席には警官が座っていたが、それは問題ない。コントローラーのXボタンを押しさえすれば、警官を自動的に車から引きずり出せるはずだ。私はここで、パトカーの窓ガラスに映った自分の姿を目にして、ハッと我に返った。「グランド・セフト・オート」の世界から突然、現実に目覚めたのである。

これは実際に起こった話だ。罪を犯さなかったのはまったく幸いだった。裁判はどんなふうに報道されただろう。「ハーバード大の学生指導官、法廷で『脳がヴァイス・シティから抜け出せなくなって、車を盗まずにいられなかったんです』と証言」

もちろんその朝、本気で重窃盗罪を犯そうなどと思っていたわけではない。だがあの一瞬、それまで練習してきたパターンでしかものが見られなかった。そしてその後、こういうことは決して珍しいことではないということが分かった。現実の世界でも、脳はそのように働くようにプログラムされているのである。

♡形探しにはまる

二〇〇二年九月、ファイズ・チョップダットという名の二三歳の英国人が、エジプトから英国に向かう飛行機の中で、携帯の電源を切ることを拒否したという理由で、四カ月の実刑判決を言い渡された。客室乗務員が、航空機の通信システムを妨害するおそれがあるからと言って、繰り返し電源を切るように求めたのに、彼はそれを無視した。なぜかというと、テトリスに夢中になっていたからである。

テトリスは皆さんもご存じだと思うが、実に単純なゲームである。四種類の違う形がスクリーンの上部から降りてくる。それが底辺に落ちる前に、動かしたり回転させたりして下の形にはめ込む。途切れのない水平な面ができるとその線から下が消える。ゲームのたった一つのポイントは、できるだけ多く途切れない水平線を作るように、落ちてくる形を動かすということだ。つまらないゲームに聞こえるだろうが、チョップダットがひどい目にあってようやく理解したように、このゲームには驚くほど中毒性がある。

ハーバード・メディカルスクールの心理学部で行った研究では、二七人の実験協力者に報酬を払って、一日に数時間三日間連続でテトリスをやり続けてもらった。このことを学生たちに話すと、「カネをもらってテレビゲームで遊べるなんて、なんてうらやましい！」と言う。私は「うらやましがるのはまだ早い。副作用の話も聞かなくては」と答える。その実験のあとの数日間、協力者たちの何人かは、空からテトリスの形が降ってくる夢を見続けた。目が覚めている間もどこを見てもテトリスの形が見えた、という人たちもいた。ともかく、この世のすべてがテトリスの四つの形でできているようにしか見えなくなるのである。

一人のテトリス中毒患者が、自分の経験をフィラデルフィア・シティ・ペーパー紙にこう書いている。

「近所のスーパーでシリアルの売り場を歩きながら、ハニー・ナッツにしようか砂糖がけのチェリオにしようかと迷っていたとき、いくつかのシリアルの箱が作る形が、一つ下の段の空いている場所にぴったりとはまることに気づいた。またYMCAのトラックで、うんざりしながらランニングをしていたとき、レンガの壁に目が釘付けになった。色の濃いレンガが作る形をどちら向きに回転させれば、下方の壁にある色の濃いレンガの凸凹にぴったりはまるかと考え始めたのである。また長時間の仕事の後、少し外の空気を吸おうと出ていったとき、疲れた目をこすりながら、フィラデルフィアの空に浮かぶビルの輪郭線を眺めて思った。あのヴィクトリービルを横倒しにしたら、リバティーズの第一ビルと第二ビルの隙間にぴったりとはまるのではないか！」

ゲーマーたちはやがて、この奇妙な状態を「テトリス効果」と呼び始めた。

なぜこういうことが起きるのだろう。テトリス中毒になると、一時的に頭が変になるのだろうか。いやまったくそうではない。「テトリス効果」は、繰り返しゲームをすることによって脳の中で起こるきわめて普通の生理的プロセスである。彼らは「認識の残像」と呼ばれるものにとらわれたにすぎない。写真を撮られるときにフラッシュが光ると、目の中に青や緑の点が残って二、三秒の間ものが見えにくくなる。これは、フラッシュが一瞬映像を視野に焼きつけるため、同じ光のパターン(残像)がどこを見ても見えてしまうからである。

長時間テトリスをする若者たちも、どこを見てもテトリスの形が見える認識パターンができてしまうために、正しくものが見えなくなる。私が「グランド・セフト・オート」をやりすぎた後に、自分の意思に関わらず盗む車を探したのも同じ現象である。これは単なる視覚の問題でない。何時間もテトリスをやり続けると、実際に脳の中の配線が変化する。その後の研究によって分かったことだが、いつもゲームをしていると、新しい神経回路ができ、現実の状況まで歪んで見えてしまうのだ。

こういう状態は、テトリスの試合に出ようというのであれば、都合がいいかもしれない。しかしテトリス以外の行動をするには、非常に具合が悪い(テトリス中毒に報酬をくれる仕事などは、心理学の実験以外にはおそらくないだろう)。人の脳は、世の中を何らかのパターンで見るようにできている。だから私たちは、よいパターンにも悪いパターンにも、いとも簡単にはまってしまう。「テトリス効果」というのは、ビデオゲームに限った現象ではない。この言葉は単なる「たとえ」で、世の中をどうとらえるかが脳のパターンに支配されている状態のことだ。さらに詳しく見ていこう。

◎職場における「テトリス効果」

みなさんも、一種の「テトリス効果」にとらわれている人を一人くらいは知っていると思う。思考や行動が一つのパターンにはまって、そこから逃れられない人である。しかも、たいていの場合は、ネガティブなパターンだ。たとえば、部屋に入ってくるなり、いつも何かしら気に入らないことを見つける人。部下の未熟な点ばかりに注目し、前よりよくなっている点は絶対に見ない上司。状況のいかんに関わらず、ミーティングでいつも悪い結果を予言する同僚。もしかしたらみなさん自身が、そういうタイプかもしれない。

フォーチュン五〇〇企業数社でコンサルティングをしている間に、私は非常に大事なことを学んだ。こういうネガティブな人たちは、自分から進んで気難しくしたり、不平不満を言おうと思っているわけではない。彼らの脳は、環境をスキャンしてネガティブな要素を見つけることに熟練してしまったのである。彼らはどこを見ても、気に障ることやストレスや困った問題にたちまち気づく。彼らの脳は、テトリス中毒者同様に、長年の訓練によってそういう能力が鍛えられているので、無理もないのである。

そもそも、職場でも私生活でも、解決が必要な問題、管理が必要なストレス、正すべき不正などに気がつくと、褒められることが多い。そのこと自体はもちろん非常に有益だが、問題は、年中ネガティブな面ばかりを探し出して拾い上げていると、そのパターンにはまり込んでしまうことなのである。そうなると、天国さえも地獄となる。さらに悪いことに、ネガティブを探し出すのが上手になればなるほど、幸せと成功を運んできてくれるポジティブな面を見逃してしまう。

しかし幸いなことに、私たちは脳を訓練して、ポジティブな面を探すようにすることもできる。「幸福優位性」を最大に活用するエキスパートになって、どのような状況にも必ず潜んでいる可能性を見出せるようになれる。

オーストラリアで講演をしたとき、私は休憩時間に、新鮮な空気を吸おうと会場の外に出た。そこには同じように休憩していた二人の社員がいた。一人が空を見上げて「今日はいい天気で何よりだな」と言った。もう一人は「こう暑くちゃかなわない」と言った。二人のコメントは、どちらも現実を言い表している。

その日は確かにいい天気で、そして暑かった。しかし二人目の社員が陥っているこういう考え方のパターンは、仕事においても、生産性や業績を損なっている可能性がある。彼は生活や仕事の中にポジティブな面を見出すことができず、好機も、可能性も、成功の機会も見逃して、それらを活かすチャンスすら持てない。

これは決してささいなことではない。年中ネガティブな面を探すという習慣は大きな損失につながる。創造性をつぶし、ストレスを増やし、モチベーションを下げ、目標を達成する能力を低くするからである。

♡「テトリス効果」を家に持ち込む

私はここ一年ほど、大手会計事務所KPMGで、税理士やそのマネジャーたちを幸せにするお手伝いをしている。だが、多くのKPMG社員が深刻な問題を抱えていることが分かってきた。多くの人は毎日八時間から一四時間も、税金の書類に目を通して、間違いを探すということをやっている。その間に、彼らの脳には「間違いを探す配線」ができあがってしまう。それにより仕事は非常によくできるようになるのだが、誤りを見つけたり、陥りやすい過ちを探したりすることに熟達するにつれ、その習慣が生活の他の部分に影響し始める。

テトリスばかりやっていると、どこを見てもテトリスの形が見え始めるように、彼ら税理士たちは毎日の税務監査で、マズイことを探す習慣が身についてしまう。さぞ楽しくないだろうとは想像がつくが、それ以上に困るのは、その習慣が職場や家庭における人間関係まで蝕んでしまうことだ。勤務評価をしようとすると、チームメンバーの欠点ばかりが目につき、長所に目がいかない。家に帰れば、子どもの成績表のCにばかり目がいき、Aが目に入らない。レストランで食事をすれば、ステーキが完ぺきな焼け具合であることには気づかず、ジャガイモが固いということだけが気になる。

ある税理士は、ここ四半期、気持ちがずっと落ち込んでいると私に語った。その理由について話し合ううち、彼はこんなことを言った。仕事の合間に、エクセルの表計算シートを使って、彼の妻がここ六週の間に犯した「過ち」をリストアップしたのだという。彼は問題を改善するつもりだったのだが、家に持ち帰ってそれを見せたときの妻(おそらくすぐに「元妻」となるだろう)の反応を想像してみてほしい。

この手のパターンにはまり込んでしまうのは、税理士に限らない。弁護士も同じくらい、あるいはそれ以上に危ない。弁護士は、うつ病にかかる割合が、他の職業に比べて三・六倍も高いというのも、これが理由の一つだ。弁護士が高度の教育を受け、高い給料と社会的地位を得ていることを思えば、この数字はいささか意外かもしれない。しかし実際には、彼らが日々やらなければならない仕事のことを考えれば、まったく驚くにはあたらない。

問題はそもそもロースクールから始まっている。入学した学生たちがクラスに落ち着いて、批判的分析のテクニックを習い始めたとたんに、彼らの苦悩は増え始める。どうしてだろうか。「イェール・ジャーナル・オブ・ヘルスポリシー・ロー・アンド・エシックス」誌に掲載された研究によれば、「ロースクールでは、議論の中の欠陥を見つけることを教え、ものごとを受け入れるよりは批判することを訓練する」からである。

もちろんこれは、弁護士として仕事をする上で必須の技術であるが、その技能が法廷だけにとどまらず、個人的な生活の中に漏れ出してくると、「重大でネガティブな結果」をもたらしかねない。すべての議論の中に「瑕疵《かし》」を探し、すべての事例に「矛盾点」を探すように訓練されている彼らは、「見つけた問題の重大性と普遍性を過大評価するようになる」という。これは抑うつと不安に陥る最短コースである。それは結局、仕事の能力にとっても妨げとなる。

過去何年か、私は多くの弁護士たちと話をした。彼らは決まり悪そうに、家に帰ったときに子どもたちについ「証言を命じてしまう」ということを認めた。「しかし、お前のアリバイ通りに映画が一〇時半に終わったのであれば、門限に間に合ったはずだ。ではなぜ一五分遅れたのか」という具合である。またほかの弁護士たちは、妻との会話の時間を、対話時間の長さで報酬を請求できる自分の仕事と比べ、ついその時間の価値について考えることがあると言った。法律家たちは、妻と新しい壁紙の色について話し合う時間さえ、どのくらいの金額に値する時間を無駄にしただろうと考えてしまうのである。誤りばかり探してしまう税理士たちと同様に、彼らの脳が一つのパターンに陥っているということだ。

だがこれはどんな職業にも言えることで、こういう現象に免疫を持っている人はいない。スポーツ選手は、友人や家族にも競争心を燃やさずにいられない。家庭内暴力を扱うソーシャルワーカーは、男への不信感がぬぐえない。投機家は何をするにも、それに関するリスクを評価せずにいられない。マネジャーたちはついつい、我が子の生活を過剰に管理してしまう。

こういうパターンに陥ることは、その人を特定の仕事において成功させるかもしれない。税理士は間違いを探さなければならない。スポーツ選手は競争心が強くなくてはならない。投機家は厳密なリスク分析をしなければならない。問題が生じるのは、この能力を、「コンパートメント化(区別して影響を及ぼさないようにする)」できなくなったときである。そうなると彼らは、「幸福優位性」を利用できないばかりでなく、悲観的で欠点ばかりを探すマインドセットによって、抑うつやストレスが生じ、健康を損ねたり、薬物乱用に陥りやすくなったりする。

これが「負のテトリス効果」の本質である。こういう認識パターンは、生活全般の成功率を低下させる。しかし「テトリス効果」が必ずしも不都合だというわけではない。人生のポジティブな面を探すように脳の配線をし直すことも、同じように可能だからである。それができれば、さまざまな可能性が見えてきて、気力がわき、優れた業績を上げることができるようになる。そのためにまずするべきは、見えているものの中でどの部分が「テトリス効果」によるものなのかを理解することである。

ウィリアム・ジェームズは、かつてこう言った。「経験とは、そこに参加すると自分が決めたもののことである」

◎脳にはスパムフィルターがついている

私たちは日々絶え間なく、多くのことに関心を払うことを要求される。スターバックスで座っているというような相対的に受け身の行動をしていても、脳は非常に多くの情報に注目しなければならない。音楽に耳を傾け、コーヒーを味わい、隣のテーブルの会話にちょっと耳をすまし、通り過ぎる人の服装に目を留めたりするだけでなく、このあと仕事でしなければならないことも考えるし、夕食に何を作ろうかとか、改築中の家の費用をどうやって払ったらいいかなどということまで考えてしまう。脳が処理しなければならないことがあまりに多いので、脳はそれに対処するためにフィルターを持っていて、適切な情報だけを意識に通すようになっている。

このフィルターは、「スパムメール」をブロックするフィルターと同じようなものだ。メールのブロッカーは、一定のルールに従って、悪意のあるメールや不要なメールを削除するようにプログラムされていて、利用者はそのメールやプロセスを目にすることもない。脳の中でも同じことが行われている。科学者によれば、我々は入ってくる情報のうち、およそ一〇〇分の一しか覚えていないという。それ以外は効率よくフィルターではねられて、脳の中のごみ箱フォルダに捨てられる。

私たちの脳のスパムフィルターが、何が大事かをきちんと分かってくれているなら、これは大変結構なしくみである。しかし残念ながら、この機能を完全に信用することはできない。脳でもメールでも、スパムフィルターはプログラムが指定したものしかスキャンしないからである。ポジティブなものを削除するように脳をプログラムしてしまったら、私たちが、メールに送られているチェーンレターや広告の存在さえ知らないのと同じように、ポジティブなデータは存在しないも同然ということになる。

後述するが、私たちは探しているものしか見つけられない。他のものはすべて見逃してしまうのである。

♡見ようと思うものしか目に入らない――ゴリラとプリウス

よく知られた心理学の実験で、白シャツチームと黒シャツチームがバスケットボールをパスし合うビデオを、実験協力者に見せるというものがある。協力者たちは、白シャツチームがボールをパスした数を数えるように指示されている。ビデオが始まって二五秒ほどたったとき、ゴリラの着ぐるみを着た男が突然画面の中に現れる。彼はバスケットボールがパスされている中を、五秒ほどかけて右から左に画面を横切っていく。協力者たちはビデオが終わった後、ボールがパスされた回数と、いくつか追加の質問に答える。「ビデオの中で、何か変わったことに気づきませんでしたか?」「六人の選手のほかに誰かいませんでしたか?」「あの……大きなゴリラを見ませんでした?」

信じがたいことだが、二〇〇人以上が参加したこの実験で、半分近くの四六パーセントの人が、まったくゴリラに気づかなかった。そしてその多くが、実験の後、ゴリラのことを聞かされても信じなかったという。「そんな明らかな異変に気づかないはずがない、もう一度見せてほしい」と言う。そこでもう一度ビデオを見てもらうのだが、今度はゴリラを探しているのだから見逃しようがない。ではなぜそれほど多くの人が、最初のときにゴリラに気づかなかったのだろうか。それは彼らがパスの数を数えることに集中していたため、神経のフィルターには「ゴリラがいる」という情報が入ってきたのに、それを削除してゴミ箱フォルダに捨ててしまったからである。

心理学者が「不注意による盲目」と呼ぶ現象を、この実験は明らかにして見せた。私たちは注意を払っていなければ、目の前にあるものさえ見えないことがよくある。人間の生理にはこういう一面があり、明白だと思われていることでも、驚くほどたくさん見逃しているのである。

たとえば、ある研究によれば、実験協力者に三〇秒のあいだ違う方向を向いていてもらい、次にもとの通りに向き直ったとき、こちらのシャツが違う色に変わっていても、多くの場合気がつかないという。また別の実験で、歩行者を路上で呼び止めて道を尋ねたとき、その人が他の方を向いた間に、質問者が素早く別の人と入れ替わっても、多くの人がまったく気づかずに話し続けるという。つまり、自分が見ようとしていないものは見えないのである。

この選択的な認識のしくみは、私たちが何かを見ようとしていると、それがあらゆるところに見えてしまう理由でもある。こういうことは、みなさんも数え切れないほど経験しているだろう。ある歌を一度聞くと、突然その歌がラジオをつけるたびに聞こえてくるようになる。新しいデザインのスニーカーを買うと、ジムで出会う人がみな同じものを履いているような気がする。

私は先日、トヨタのプリウスを買うことにしたのだが、路上がどこもプリウスだらけに見えた。しかもその四台に一台は、私が買おうと考えていた青いプリウスなのである。その日、町中の人が突然青いプリウスを買ったのだろうか。広告会社が、私が迷っていることを知って、戦略的に私の町を青いプリウスで満たして、決心を固めさせようとしたのだろうか。もちろんそんなことはない。私の意識の注目する先が変わっただけである。

ちょっとこの簡単な実験をしてみよう。目を閉じて赤い色を思い浮かべる。心の目の中に赤い色を映し出すのである。それから目を開けて、周りを見渡してみる。赤い色のものがいたる所に見えてこないだろうか。目を閉じていた間に、小人たちが部屋の中のものを赤く塗って回ったのでないとすると、この赤い色に対する認知が高まったのは、何に注目するかが変化したからにすぎない。

またこういう研究は繰り返し行われているが、二人の人がまったく同じ状況を目撃しても、何を見ようとしていたかによって違うものが見える。同じできごとに対して違う解釈をしたということだけでなく、実際に彼らの視野に、違うものが映るのである。たとえば、二人の人が同じ友人の写真を見ても、その友人の顔からまったく違う印象を受けることがありうる。

このようなことは、友人関係に影響を与えるだけではない。もし他人の言動をいつもネガティブに読みとるようにプログラムされているとしたら、職場においても有害である。潜在顧客が実際には満足しているのに、それを読みとれずに無関心だと判断してしまったら、どんな結果になるだろう。あるいは、同僚の親切を汲みとれず、偉そうにしているとしか思えなければ関係を損なうことになる。

オーストラリアの会社で私が会話を耳にした、二人の社員の違いは本質的にこういうことである。その日の天候の両方の側面、つまり「明るい陽光」と「暑さ」は、二人とも同じように経験したはずだ。最初の社員は何よりも天気の素晴らしさを感じた。二人目の社員は、別にアマノジャクなのではない。彼には耐えがたい暑さしか感じられなかったのである。

何を見るにも、必ずいくつかの別の見方がある。だがそれらの「見方」は、すべて同等ではない。「負のテトリス効果」にはまってしまった人々を見れば分かるように、ネガティブな見方が身についてしまうと、幸福も仕事の業績も台無しになりかねない。しかし、どんな状況にあっても、常にポジティブな面を拾い上げる「見方」を訓練することもできる。前向きな「テトリス効果」が身につけば、身の回りをスキャンして成功の可能性を高めるようなチャンスやアイデアが見つけられるようになる。

♡「テトリス効果」がもつ威力

脳が常にポジティブな面をスキャンしてそれに注目すると、最も重要な三つのツール「幸福」「感謝」「楽観性」の恩恵を受けることができる。そのうちの「幸福」が果たす役割は、すでに明らかである。周囲からポジティブなものを拾い上げれば拾い上げるほど、幸福度が高まり、仕事の成果が上がるという「幸福優位性」はこれまでに述べてきた通りだ。

二つ目の有益なメカニズムは「感謝」である。ポジティブな感情を持つ機会を多く見出すほど、私たちは感謝の気持ちを覚える。感謝の研究を専門とする心理学者ロバート・エモンズは、「よい人生を送る上で感謝ほど重要なものはない」と言う。また、感謝を常に忘れない人たちは、より活発で、ＥＱ（心の知能指数）が高く、寛容で、抑うつ的になりにくく、不安や孤独も感じにくいということを、他の数多くの研究が証明している。そういう人たちは幸せだから感謝の気持ちを持つというのではない。感謝はよい気分を生じさせる要因なのである。ある研究で、無作為に集めた協力者たちに、感謝の気持ちを持つような訓練を数週間行うと、それをしなかったグループに比べ、幸福度が上がり、楽観的になり、人とのつながりを感じられるようになり、睡眠の質が向上し、頭痛を感じることが少なくなったという。

「テトリス効果」を生じるための三つ目のツールは「楽観性」である。これは直感的に理解できるだろう。脳がポジティブなことがらを数多く拾い上げるほど、いいことが続くと思えるので、ますます楽観的になる。そして楽観性は、仕事の成果に顕著に結びつくことが分かっている。ある研究によれば、楽観主義者は悲観主義者に比べて、より多くの、そしてより困難な目標を立てる。そしてその目標を達成するために多くの努力を注ぎ込み、困難に長時間立ち向かうので、障害を比較的簡単に乗り越えるということが実証されている。

楽観主義者は、ストレスの大きい状況にもよりよく対処でき、逆境にあっても精神的にまいってしまうことが少ない。これらの能力はどれも、厳しい環境のもとで高い業績を上げるためには不可欠である。

前章で簡単に説明したように、好ましい結果が起こることを期待すれば、成功する可能性が高まる。このことを誰よりも巧みに証明してみせたのは、リチャード・ワイズマンである。彼は、世の中には「常に運のよい人」と「いつも運をつかめない人」がいるのはなぜかを知ろうとした。予想通り、実際には、少なくとも科学的な意味では、「運」などというものは存在しなかった。ただ大きく違っていたのは、その人が自分は運がよいと思っているかどうかだった。つまり、本人が自分に「よいことが起こる」と思っているか、「悪いことが起きる」と思っているかの違いだったのである。

ワイズマンが行った実験は、次のようなものだ。協力者たちに新聞を渡し、その中に写真が何枚載っているかを数えるように指示する。「自分は運がよい」と考えていた人たちは、指示された作業を終えるのにものの数秒しかかからなかった。一方「自分は運が悪い」と思っていた人たちは、平均して二分かかった。なぜそんなに違うのかと思うだろう。

実は、新聞の二ページ目に大きな字で「数えなくていいです。この新聞の写真は四三枚です」と書かれていた。つまり数えなくても、答えが与えられていたのである。「運がよい」と思っていた人たちのほとんどは、このメッセージに気づいたが、「運が悪い」と思っていた人たちの多くは、これを見逃した。

おまけに、新聞の中ほどのページには、「数えるのはやめましょう。係の人にこのメッセージを見たと言えば、二五〇ドルもらえます」と書かれていた。運が悪いと自覚している人たちは、この幸運のメッセージさえも見逃した。

「負のテトリス効果」にとらわれているために、ほかの人たちには当然見えるものが目に入らないのである。だから成績も振るわないし、お金も手に入らない。このワイズマンの研究で素晴らしいと思うのは、大きな報酬を得る潜在的チャンスが、誰にも同じ条件で与えられているというところである。幸運はそれを拾い上げるかどうかにかかっている。

こういうことは、仕事上の成功にもかかわってくる。成功するかどうかは、ほぼ一〇〇パーセント、チャンスを見つけて活かす能力があるかどうかで決まる。高校生と大学生に尋ねると、彼らの六九パーセントは、どんな仕事を選ぶかは偶然によると答えている。チャンスをつかむ人と、チャンスが通り過ぎていくのを見送る人（あるいはまったく目に入らない人）の違いは、そのチャンスにしっかり注目しているかどうかである。負のテトリス効果にとらわれているとき、その人の脳は文字通りこれらのチャンスを目にすることができない。しかし、ポジティブな姿勢が身についている人は、脳が幸運に対して常にオープンになっている。心理学者はこれを「予測符号化」という言葉で呼ぶ。好ましい結果を予測していると、脳がそれを符号化するので、その結果が現れたときにちゃんと認識できるのである。

かつて私がコンサルティングをしたことがあるエグゼクティブが、彼の故郷の劇場について話してくれたことがある。一度しか使用しない衣装に多額の費用がかかり、それが劇場にとって大きな負担になっていた。劇場支配人は、これをビジネスの固定費だから仕方ないと嘆くのではなく、状況を「リフレーム（枠組みを変えて見る）」して、問題解決の可能性を探った。そして衣装のレンタルという、利益の上がる副業を生み出した。それからそのレンタル業から上がる利益を、児童虐待防止に取り組んでいる地元のＮＰＯに寄付した。彼らは楽観性を失わず、衣装再利用のうまい方法を見つけ、二つの重要な成果を出した。地域の発展に貢献したことと、劇場の売り上げを増やしたことである。

ごくありふれた事務所を想像してみよう。壁があり、カーペットが敷かれ、ホッチキスとコンピュータが置かれている。この場所の客観的な現実は一つである。しかしそれ以外にその空間をどう見るかは、すべてその人次第だ。その事務所を狭苦しくて圧迫感があって陰うつだと見る人もいるだろうし、活気があって楽しそうな場所だと見る人もいるだろう。ある人にとっては単なる事務所でも、それを牢獄だと思う人もいる。

さて、こういう変哲のない環境で最も元気に暮らすのはどういう人だろう。どういう人が成長と成功の機会を一番多く見出すだろう。新聞の中に書かれた二五〇ドルのプレゼントの広告に気がつくのはどういう人だろう。あるいは、経営の難題を利益の出る副業に変えてしまう人はどういう人だろう。

ここまで読んだみなさんは、「テトリス効果」というのがどれほど強力なものかお分かりだと思う。では、どのように自分の脳を訓練すればいいのだろう。適応力、創造性、モチベーションを高め、仕事においても遊びにおいても、多くのチャンスを見つけてとらえられるようにするには、どうすればいいのだろう。私たちはぜひそれを知っておかなければならない。

◎テトリス効果を取り込む

テレビゲームをマスターするには、何日も集中して練習する必要があるのと同じように、もっとチャンスに気づくように脳を鍛えるには、ポジティブなことに注目する反復練習が必要である。それを始める一番の方法は、仕事や生活の中に起きたいいことを、毎日リストアップすることである。わざとらしいとか、単純すぎてバカバカしいとか思うかもしれない。実際に、やること自体は単純だが、一〇年以上にわたる実験的研究によって、それが人の脳の配線に及ぼす重大な効果が証明されている。

たとえば「今日起こった三つのよいこと」を書き出そうとすると、脳は一日のできごとを振り返り、ポジティブと思えることを探し始める。ちょっとおかしかったこと、大笑いしたこと、仕事で達成感を得られたこと、家族との絆が強まったこと、未来への希望がきざしたことなどを思い返す。一日にたった五分間これをすることで、脳が自分の個人的および職業的な成長の可能性に気づき、それに働きかける機会を見つけることができるようになる。また人は、一度に注目できる範囲に限界があるので、ポジティブなことを考えると、それまで頭を占めていた他の小さな心配やイライラは背後に追いやられるか、意識の外に押し出されてしまう。

この練習の効力は持続する。ある研究によると、一週間毎日「三つのよいこと」を書き出した人たちは、一カ月後、三カ月後、六カ月後の追跡調査でも、それをしなかった人たちよりも、幸福度が高く、落ち込む回数が少なかった。驚いたのは、エクササイズを止めた後も、幸福度、楽観性ともに高い状態が続くということだ。身の回りのよいことをスキャンするのが上手になるにつれ、特に努力しなくても、どこを見てもよいことが見出せるようになるのである。

書き出す内容は、重大なことや複雑なことである必要はなく、ただ具体的でありさえすればいい。「夕食にテイクアウトしたタイ料理がとてもおいしかった」でもいいし、「仕事から疲れて帰ったとき、子どもが飛びついて迎えてくれた」でも、「よい仕事をしたのを上司が認めてくれた」でもいい。

この「三つのよいことエクササイズ」のバリエーションで、ポジティブな経験に関する短い文章を書くというのもある。これまで、困難なことやつらいことは、思いのたけを書き出すと楽になるということが言われてきた。しかしチャド・バートンやローラ・キングなどの研究者は、ポジティブな経験に関して気持ちを書き出すことは、少なくともそれと同様の効果があるということを実証した。ある実験では、一つのグループに、週に三回、二〇分間ずつ、ポジティブな経験について書くように指示し、別のグループには一般的なテーマについて書くように指示した。ポジティブなことを書いたグループは、幸福度が急上昇しただけでなく、三カ月後には病気などの症状も少なかった。

これらの利点のほかにも、前の二章で紹介したような有益な行動が、もっと容易にできるようになる。たとえば、「テトリス効果」が取り込まれると、リーダーはもっと頻繁に部下を褒めたり励ましたりするようになり、その結果チームを「ロサダライン（ポジティブな言動の有益な効果が表れ始める転換点）」より上に引き上げることになる。また、今の仕事の意義や目的がはっきり見えてくるので、仕事を天職と考えられるようになる。さらに、部下に仕事の指示を出すときにも、気持ちのこもった肯定的な言い方をするようになるので、部下の創造性や問題解決の力を高めることにつながる。そして自分自身は幸福度が上がり、脳はいままでになくよい状態で機能するようになる。

♡一に練習、二に練習

テトリス効果を身につけるには、反復練習あるのみだ。どんなスキルもそうだが、練習すればするほど、楽に自然にできるようになる。好ましい行動が確実に継続するようにするには、それを習慣にしてしまうに限る（これについては法則6で詳しく述べる）。毎日同じ時間に感謝のリストを書くのがよい。そして、必要なものを手近で便利な場所に置いておくことだ（私は、専用の小さなメモ帳とペンをベッドわきのテーブルに置いている）。

アメリカン・エキスプレスでコンサルティングをしたときには、パソコンのアラームを、午前一一時にセットしておくことを勧めた。アラームが鳴ったら「三つのよいこと」を書き出すのである。香港の銀行員たちは、毎朝メールをチェックする前にこのリストを書くのがいいと言っていた。また、アフリカの企業のCEOたちは、毎晩子どもたちと一緒の夕食時に、三つの感謝を口にすることを選んだ。どんな時間帯に行うかはその人次第であり、継続的に行うことが大事だ。

この練習は、他の人を巻き込むほど効果が倍増する。アフリカ企業のCEOたちは、夕食時に行い、子どもたちを巻き込んだ。感謝すべきことがたくさん見つかるばかりでなく、これを続けなければという気持ちになる。あるCEOは、仕事で悪いことばかりが起きた日は、「三つのよいこと」を省略しようと思うが、子どもたちがそれをしないと食事を始めないと言った。こういう周りのサポートがあれば、この有益な習慣が形成される可能性がずっと高まる。

私はビジネスリーダーたちに、このエクササイズを、就寝前や朝食時に奥さん（あるいはご主人）と一緒にやることを勧めるが、それも同じ理由である。周囲のできごとからポジティブなことを拾い上げるのが上手になってくると、結婚相手に対しても感謝するべきことがたくさん見えてくるのがうれしいおまけである。このエクササイズの効用は、年齢にも職業にも関係がない。大学生にも幼稚園児にも、また中間管理職、中小企業のオーナー、大起業家、ウォールストリートの証券アナリストなど、どんな人にも同じように効果がある。大事なのは練習と継続である。

♡バラ色がかったメガネ

「テトリス効果」の効用を話すと、よく次のような質問が出る。「よいことにばかり注目すると、現実の問題が見えなくなりませんか。バラ色のメガネをかけて会社は経営できませんよ」

ある意味ではその通りだ。ネガティブな情報をすべてブロックしてしまうようなメガネをかけて世界を見ていれば、問題が起きる。だから私は、この言葉を少し変えて「バラ色がかったメガネ」という言葉を使う。「バラ色がかったメガネ」は、大部分ポジティブな面に注目しながら、大きな問題はすべて視野に入れることができる。私はこういう質問をするエグゼクティブに、こんなふうに答える。

「バラ色がかったメガネをかけても会社は経営できるばかりでなく、ぜひともそうすべきです。ポジティブなものの見方を取り入れることには、数多くの具体的な優位性があることを、科学が証明しています。決して現実が見えない歪んだ楽観でもなければ、甘い考え方でもありません」

だがこのＣＥＯの質問のように、ポジティブなものの見方が効きすぎて困るということはあるのだろうか。それは確かにある。ここ何年かのできごとが示したように、市場のバブルを生んだのは、非合理的な楽観性であり、それが崩壊することは避けがたかった。人々は本来買えるはずのない家を購入し、身の丈に合わない暮らしをした。ビジネスリーダーたちは現在を過信して、先行きの備えを怠った。楽観主義が過ぎると、人々は対処すべき問題も改善点も見えなくなりかねない。「ポジティブ幻想」の研究者は、楽観主義は、それが自分の現在の能力を過信させるときに問題となると結論づけている。

そして、悲観主義が有利に働くこともある。愚かな投資、危険を伴うキャリア変更、自分の健康を危険にさらす行動にブレーキをかける働きをする場合だ。批判的であることも、特に不公平性に気づいてそれを正そうとするときには、個人にとってもビジネスにとっても、あるいは社会全体にとっても、有益である。

したがって、大切なことは、すべてのネガティブ思考を完全にシャットアウトすることなく、合理的、現実的で、健全な楽観性を持つことである。理想のマインドセットは、リスクを顧みないことではなく、よいことを優先的に見ることだ。それが幸福をもたらしてくれるからだけでなく、さらによいことが付随して生じるからである。世界を「バラ色がかったメガネ」を通して見るのと、いつも雨雲の下を歩くのとでは、結果は比べ物にならない。ビジネスでも人生でも、適度の楽観性を持つ人が常に勝利を収める。

脳を訓練して「テトリス効果」を取り入れれば、幸福感が感じられるようになるだけでなく、ポジティブ脳がもたらす恩恵が次から次へと手に入ることになる。よいことに注目するということは、コップに水が半分しかないのを見て不機嫌にならずにすむというだけではない。アイデアやチャンスに気づきやすくなるので、生産的になり効率も上がり、仕事でも人生でも成功できるということだ。あの二五〇ドルのプレゼントのように、チャンスは誰からも同じように見えるところにある。そういうチャンスを見逃すか、次々に見つけられるように脳を訓練するか、それはあなた次第である。

法則4　再起力

――下降への勢いを利用して上昇に転じる

大学生のとき、自分を売らないかと誘われることはしょっちゅうだった。心理学部では常に、実験の協力者を募集しているからだ。私はたいていカネがなかったので、喜んで実験のモルモットになった。実験は単にちょっと屈辱的なものから、徹底的にだまされるものまで、実にさまざまである。見知らぬ人との照れくさいかかわりもあれば、MRIを何度も取られるものもあるし、精神と身体を限界まで試されることもある。中でも一番忘れがたいのは、「高齢者支援のための実験」という一見無害なタイトルのものだった。

実験は三時間ほどで、二〇ドルもらえることになっていた。私は、二人の実験アシスタントから、自転車のリフレクターとマジックテープのストラップ、それにぴったりした白い自転車用のショーツを手渡された。アシスタントの一人がまじめな顔で、「このリフレクターを身体のそれぞれの関節部分につけ、それからショーツをはいてください。あ、それから、白のTシャツをちょっと切らしてしまいまして、上は裸でお願いできますか」と言い、「参加する意思は変わりないですか？」と聞いた。

二〇ドルでここまでさせるのか、ずいぶん安く買われたものだ、と私は思った。数分後、肘と手首と膝にリフレクターをつけた私は、上半身裸のロボットのような姿で出て行った。彼らはこの実験について、お年寄りが転ぶときの様子を調べているのだと言った。高齢者の怪我を防ぐ方法を考えるための実験で、実際にお年寄りに何度も転んでもらうわけにいかないので、大学生を雇ってその代わりをしてもらうという。私はそれですっかり納得した。

私は床にパッドを張ったうす暗い廊下を歩かされた。ビデオカメラが、関節で光るリフレクターの位置を撮影している。事前に、歩き始めると次の三つのどれかが起こると言われていた。（1）床が突然左に動き、右側の床に叩きつけられる。（2）床が突然右に動き、左側の床に叩きつけられる。（3）右足にしばってある紐が突然後ろに引っ張られ、廊下の床に顔から突っ込む。そして廊下の端まで行き着く間にこれらのうちのどれも起きなければ、自分から転んでほしいという。この最後の指示はとりわけ馬鹿げて聞こえた。自分からわざわざ床に向かって身を投げるお年寄りがどこにいるだろう。

しかし二〇ドルはほしい。それから一時間、私は三〇秒ごとに転ばされた。約一二〇回転んだところで、アシスタントが現れ、申し訳なさそうに笑いながら、「すみません。ビデオをとるのを忘れてまして。もう一度最初からやり直したいんですが」と言う。そして「参加する意思は変わりないですか？」と付け加えた。私は再び、イエスと言った。

それからさらに一二〇回転ばされた私は、全身あざだらけとなり、疲労困憊していた。身体につけている装具のせいで、単に起き上がるだけでも大変なエネルギーを消耗するのに加え、体中が痛み始めていた。転げ出るようにしてようやく廊下から出て行くと、アシスタントのほかに立派な身なりの教授が待っていた。教授は、この「不測の結果」を調べるために呼ばれたのである。つまり、この実験が最後まで続いたのが予想外だったというわけだ。

実験は、お年寄りのためでも何でもなかった（心理学の実験では、決してタイトルを信用してはいけない）。実際には、「モチベーション」と「レジリエンス（立ち直る力）」を研究していた。つまり、「どれほどの痛みと苦しさに人は耐えられるか」と「提示されている報酬に対してどこまで我慢するか」を調べる実験だったのである。私が出した結果は、「たくさん耐えられる」というものだった。

教授は土曜日に、私が治療を受けていた病院へやってきた。三時間耐え抜いたのは、私一人だったのだそうだ。実験の内容を説明されて、たった二〇ドルのためにあれだけの虐待に耐えた自分は、相当のバカなのだろうかと思わずにいられなかった。しかし、私が何かを言う前に、教授は私に二〇ドルの新札を一〇枚手渡した。「君をこんな目にあわせたことに対して、これくらいのことしかできなくてすまない」と彼は言った。「他の人たちにも、転んで立ち上がった回数に応じて礼金を払った。君が最高の二〇〇ドルだ」

二〇〇ドルはありがたかった。しかし報酬を得たことよりも忘れがたいのは、この実験によって「レジリエンス」つまり、転んだときに起き上がる能力の本質について学んだことである。それから一〇年後、世界中の何万人ものビジネスリーダーが、この実験のときの私と同じような経験をしている。近年最大の経済危機に直面し、ビジネスリーダーたちにとっては、踏みしめていた床が突然抜けてしまったようなものだ。投機家は、身体を預けていた地盤が突然激しく横すべりし、社員たちの誰もが、抗いようのない力に突然足を引っ張られただろう。世界中が同じ状態だった。

あの実験で、何度も何度も転ばされて息も絶え絶えだった私は、あのときいったいどこに立ち上がるエネルギーを見出したのだろう。実験のモルモットになって小遣いを稼いでいた学生時代には分からなかった。でも今はそれが何だか分かる。二〇〇六年ハーバード大で、最もレジリエント（立ち直る能力が高い）な学生たちの研究をしていたときに見つけた「再起力」という戦略がその答えである。

◎成功への道を見つける

人間の脳は、勤勉な地図製作者のように、頭の中の地図をしょっちゅう訂正して作り直している。複雑で変転するこの世界で、そうやって私たちをナビゲートしてくれているのである。こういう能力は、何千年もの進化の過程を経て人の脳に組み込まれた。人類は生存のために、環境の物理的な地図を作り、食料やパートナーを得るための戦略を立て、それぞれの行動がどんな結果をもたらすかをプランする必要があった。このような「マッピング」は、大自然の中で生き延びるためだけではなく、ビジネスの世界で成功し繁栄するためにも不可欠である。

たとえば顧客と話をしていて、価格を低めに言うか高めに言うかを決めなければならないとする。脳は無意識に（あるいは意識的に）、二つの可能な道筋についてイベントマップを作り、それらの道がどんな結果につながるかを予測しようとする。低めの値段を提示した場合、顧客が対案を出してきて、最終的に入札が成功するという道筋が見える。高めの値段を提示した場合、顧客は機嫌を損じて、ほかの業者のところへ行ってしまう。

何かを決断するときには、このようなマッピングが頭の中で必ず行われている。このマップには「現在地」（現状）が出発点として示され、そこからいろいろな道が放射線状に出ている。道の数は決断の複雑さによって異なり、その瞬間の思考の明晰さによっても違う。最良の決断ができるのは、明解でクリエイティブな思考により、可能な道をすべて把握し、それらの道がどこに続くかを正確に予想できたときである。しかし、ストレスを受けているとき、窮地にあるときには、多くの人が一番重要な道を見落としてしまう。それは、上方に向かう道である。

危機や逆境から延びる道は三つある。一つは、いまいる場所をぐるぐる回る道。ネガティブなできごとは変化を生まないため、いつのまにか出発点に戻ってきてしまう。二つ目の道は、さらに悪い結果へとつながる道。悪いことが起きた後に、そこからもっと悪い状態になっていく。こういう道があるために、人は事態に立ち向かったり、難題に挑戦したりすることを怖れる。そして最後に、私が「第三の道」と呼ぶ道がある。これは失敗や挫折から始まって、人をより強くし、より成長させる道である。

もちろん、困難のさなかにこの道を見つけるのは易しいことではない。経済不況でもその他の危機でも、そういうときに作られる脳の地図は不完全なことが多いし、皮肉なことに、ポジティブで生産的な道が一番見えにくくなっているからだ。無力感や絶望に覆われていると、そういう道が存在することすら信じられない。だから探そうともしない。しかしこれこそ、ぜひとも探さなければならない道である。このあと見ていくように、この「第三の道」を発見できるかどうかが、挫折に打ちのめされるか、そこから立ち上がれるかを分けるからである。

挫折を「成長の機会」ととらえられる人がその成長を実現できる、ということを多くの研究結果が示している。逆に、挫折を「この世の終わり」ととらえるなら、その通りになる。『ビジョナリー・カンパニー2 飛躍の法則』を書いたジム・コリンズは、私たちは「環境」「不運」「生い立ち」「過ち」「挫折」などの囚人ではなく、自らの判断でそれらから自由になれるのだと説いている。

頭の中の地図をスキャンし、第二の道（悪いことが起きるとどんどん悪くなっていく）を拒絶し、ポジティブなチャンスを探せば、自分が持っている一番強い力を引き出すことができる。それは「不運にもかかわらず上方へ向かう」のではなく、「不運があるからこそ上方に向かう」能力である。この章ではその方法について述べる。

♡心的外傷後の成長

現代社会では、この「第三の道」は非常に見逃されやすい。それがよく表れている例が、戦場に向かう兵士たちに、彼らは「正常な状態」で戻ってくるか「ＰＴＳＤ（心的外傷後ストレス障害）」を伴って帰るかのどちらかだと告げる心理学者がいることだ。これでは兵士たちに、正常か精神的障害か、道が二つしかないメンタルマップを与えることになる。兵士のＰＴＳＤは、それについて数多くの論文が書かれていて、確かに戦争のもたらす深刻な問題であるが、その二つの道よりさらによい「第三の道」があることも、多くの研究結果が示している。それは「心的外傷後の成長」という道である。

「親しい人との死別、骨髄移植手術、乳がん、慢性病、心臓発作、戦闘、自然災害、暴漢の襲撃、難民」――。これらは私たちに起こりうる最悪のことがらを、無作為に選んで作ったリストのように見えるだろう。基本的にはその通りである。しかしこれは、たくさんの人々がポジティブな成長を遂げた、そのきっかけとなったできごとをリストにしたものである。心理学者はこういう経験を、「逆境下成長」とか「心的外傷後の成長」と呼び、よく使われる「心的外傷後ストレス障害」と区別している。

最初にこれらの研究を知ったとき、私は憤慨した。なぜもっと早く世の中に知らされなかったのだろう。多くの人の人生をよりよくできる驚くべき研究が、人々の目から隠されていたのだろうかとさえ思った。しかも一握りの非主流のわずかな研究ではない。多くは一流の優れた研究である。

心理学者のリチャード・テデスキらは、過去二〇年にわたり「心的外傷後の成長」の実験的研究を使命として取り組んできた。この考え方自体は昔からある、とテデスキも認めている（「困難につぶされなければより強くなる」という金言がある）。だが、この「非常に困難なことに取り組むことによって、別のよいことがそこから生じうる」という現象について、体系的な理論化の試みや実験的研究が集中的に行われてきたのは、テデスキによればここ二五年ほどである。

いまではこの研究のおかげで、「重大な苦しみやトラウマは、さまざまな面において、非常にポジティブな変化をもたらす」ということを、格言としてではなく、確信を持って言えるようになった。たとえば二〇〇四年三月一一日のマドリッドの列車爆破事件のあと、多くの住民がポジティブな心理的成長を経験したことが実証された。乳がんと診断された女性の大半にも同じようなポジティブな成長が見られた。精神性が向上し、他者への共感が増し、心がオープンになり、最終的には人生全体に対する満足度さえも増したという。また、トラウマの後、性格的強さと自信が増して、周囲の人々に対する感謝と親密度も増大したという報告もある。

もちろん、すべての人にこういう現象が起こるとは限らない。それでは、つらい経験の中で成長していく人と、そうでない人はどこで分かれるのだろうか。いくつかのメカニズムが関係しているが、一番重要なのはやはり、その人のマインドセット、心の持ちようである。上方に向かう道を見出す能力は、自分が引いたカードの「手」をどうとらえるかによる。「逆境下成長」に続く道を見つけるには、状況や起きたことをポジティブに再解釈し、楽観性を失わず、現実を受け入れ、問題を避けたり否定したりすることなく、真正面から見つめることだ。

ある研究グループは、次のように説明する。「心的外傷後の成長に影響するのは、その出来事がどういうものかではない。むしろその出来事の主観的経験である」

言いかえれば、挫折からうまく立ち上がることのできる人というのは、何が起こったかによって自分を定義せず、その経験から何を得るかによって自分を定義する人である。そういう人たちは逆境を利用してそこから進む道を見つける。逆境からただ「立ち直る」のではなく、「起き上がってさらに上に伸びる」のである。

♡ユーレカ！　我々は失敗した！

私たちの多くは、幸い深刻なトラウマを経験せず日々を暮らしている。しかし誰でも人生の中のどこかの時点で、過ち、障害、挫折、失望、精神的・肉体的苦痛といった何らかの逆境を経験することがある。個人的なあるいは仕事上の苦難の程度を言い表す言葉もたくさんある。しかしどんな困難も、何かしらプラスになるものを得られる成長の機会を伴うものだ。恩師タル・ベンシャハーは、よくこんなことを言う。「ものごとはいつもよい方に転がるわけではない。だが、起きたことから最良のものを引き出すことができる人たちがいる」

成功している人々は、逆境を単なる障害とは思わず、さらに発展するための踏み石と考える。実際に、初期の失敗が、業界の一新につながる画期的なアイデアを生み出す原動力となり、記録的な収益を上げて、その人の仕事人生を一変させたという例も多い。こんな例はよく聞く。マイケル・ジョーダンは、高校のときバスケットボールチームから外された。ウォルト・ディズニーは「創造性が足りない」という理由で、新聞の編集者をクビになった。ビートルズは「もうギターバンドは流行らない」という理由でレコード会社のエグゼクティブから追い返された。

これらの人々を勝利に導いたのは、本質的に「再起力」への信念である。ジョーダンは、「私は人生で何度も何度も挫折した。それがいまの成功をもたらした」と言ったことがある。ロバート・F・ケネディも、同様のことを言っている。「大失敗ができるほどの人間だけが、大きなことを成し遂げられる」。さらにトーマス・エジソンも、成功に至る道は失敗の連続だったと言った。

多くのベンチャー投資家が、ビジネスの大失敗を経験したマネジャーしか雇わないのはそういうわけだ。傷一つない履歴書を提出する人は、失敗と成長の軌跡を示す履歴書の持ち主ほどには見込みがない。あるコンサルタントは、「失敗を、放射能か何かのように怖れて封じ込めるのではなく」、会社は「失敗を祝う会」をやるべきだと言う。

コカ・コーラ社は、この信条を実践して大きな効果を上げている。二〇〇九年の株主総会で、CEOは会社の華々しい成果を語る代わりに、数々の失敗を列挙することから始めた（「OKソーダ」「サージ」「チョグリット」などという飲み物が売り出されたなんて、みなさんは知っていただろうか)。これらの失敗を強調する意図は、過ちは時に起こり損失も時には生じるということ、しかしそれらの失敗から価値ある教訓が学べるということ、そしてそれがコカ・コーラ社の継続的な成功に貢献しているのだということを、株主に分からせることだった。

「ハーバード・ビジネス・レビュー」誌は、「最も賢明な企業は、革新的なアイデアをもたらす創造的な問題解決を促すために、意図的にミスをすることもある」と指摘している。たとえば、ベル・テレフォン社は、全盛の頃、ハイリスク顧客にはいつも保証金を請求していた。しかしあるときわざと一〇万の顧客にその請求をし忘れた。それでも期限内に払うのは誰か、払わないのは誰かを見るためである。この情報を元に、より効果の高いスクリーニングプロセスを設計することができ、その結果利益を数百万ドル増やした。「ハーバード・ビジネス・レビュー」誌の執筆者は、このようなミスは「学習を促し競争力を増す強力な方法だ」と書いている。

直感には反するかもしれないが、心理学者はこのような理由で、失敗はできるだけ早く、たびたびする方がいいと言う。タル・ベンシャハーも、著書『最善主義が道を拓く』で、「失敗に対処する方法は、実際に失敗を経験し、それを切り抜けることによってしか学べない。困難や不運に直面するのが早いほど、生きる上で避けがたい困難に対処する準備ができる」と書いている。

いくつかの研究がこのことを裏付けている。その一つが、九〇人の協力者にソフトウェアのトレーニングを受けてもらうという実験である。一つのグループにはミスが起きないようによく指導し、他のグループはミスを犯すように誘導した。その結果はどうだったか。ミスするように促されたグループは、より高い自己効力感を示したばかりか、自分で失敗を切り抜ける方法を発見していったために、他グループよりずっと早くそのソフトウェアを正確に使えるようになった。

◎「第三の道」は見えにくい

ただ、挫折から立ち上がって成功に向かう道は、いつもすぐに見つかるわけではない。人は危機のただ中にあるとき、悲惨な現状に意識がとらわれて、ほかにも道があることを思いつかない。二〇〇八年の金融危機のときには、そういう例を身近にたくさん見た。危機は突然激しい勢いで、すべてのビジネスパーソンの足をすくった。ある日のことがとりわけ心に残っている。

私は講演の開始時刻を待つ間、マンハッタンの高層ビルの上から、数年前のテロ攻撃によって廃墟と化した一帯を見下ろしていた。世界的なクレジットカード会社のエグゼクティブたちの前で、「幸福の心理学」を講義するのに気後れを感じたのは、テロの戦慄の記憶が理由だったかもしれない。だが会場に入って、参加者たちの明らかに沈み込んだ表情を見て、私の気後れはいっそう膨らんだ。話をするときは、聴衆からの信頼に満ちた微笑みや視線を期待するものだが、私の前には血の気のない顔と石のような沈黙があるだけだった。私のスピーチが始まるまでにはまだ三〇分ほどあり、彼らは朝の会議を終えて休憩に入ったところだった。こういう休憩時間にはたいてい、誰もがすごい勢いでブラックベリーを打ち込みながらコーヒーをがぶ飲みしたり、周りの誰かれとにぎやかにしゃべったりしているのが普通だ。ところがこの日には、そういう光景がまったく見られない。

人事の責任者が私を脇に引っ張って行って、不安そうな声でささやいた。たったいま、今回の経済破たんに対する会社の方針が告げられたところで、それは大規模なリストラと職責の根本的な変更と大量の解雇であるという。ここにいる人々は、解雇こそ免れたが、貴重な部下や同僚を失うことになり、仕事もこれまで通りにはいかないだろう。このように知らされた状況がまだ十分に呑み込めないうちに、私のシャツにはマイクが取り付けられた。あの瞬間ほど、幸福について話をするのが怖かったことはない。

それからの何週間あるいは何カ月か、私は香港、東京、シンガポール、シドニー、ロンドン、ニューヨークのフォーチュン五〇〇企業で講演を行った。いずれの講演も、ボーナス半減とか、人員五〇パーセント削減などという発表が行われた直後で、どの会社でも、マネジャーや社員たちは恐怖に凍りついたような表情をしていた。彼らの頭の中の地図は暗い現状で行き詰まっているか、失業とか倒産などさらに悪い方に向かう道にばかり意識が向かってしまっていた。

シアトルのある小さな製造会社では、マネジャーが力なくこう言った。以前彼女のチームはミーティングに活気があることで有名だった。しかし、いまはみなゾンビのような目をして押し黙っているばかりだという。また、ヨハネスブルグの建設会社のエグゼクティブは、大変外向的だった営業チームが、これ以上悪い知らせを客に告げたくないと顧客訪問をしなくなってしまったと嘆いた。顧客にとっても自分たち自身にとっても、ポジティブな未来がまったく見えないのに、訪問してもしかたないと言うのだそうだ。

私はある日、世界規模の金融会社の本社で、フットボール競技場四つ分あるとされる巨大な取り引きフロアを上階の通路から見下ろしていた。普段はフロアいっぱいに人が動き回っていて、壁を震わせるほどの熱気にあふれているこの巨大な会場が、この日は不吉な静けさに包まれていた。人々は空の机の周りをうつむき加減に歩き回って、互いを見ようともせず、一緒に仕事をすることも避けているように見えた。

より多くの努力が必要とされるときに、人々は一様にマヒしたようになって、あきらめの表情を浮かべていた。いったい何が起こっていたのだろうか。

♡無力感を学ぶ

現代のビジネスの世界における、失敗と成功の心理学を理解するために、一九六〇年代の「栄光の時代」末期を振り返ってみよう。マーティン・セリグマン博士はまだ、ポジティブ心理学を創始しておらず大学院に入ったばかり。「幸せの心理学」とは正反対のことを学んでいた。

セリグマンが入った研究室では、先輩研究者たちが、犬にベルの音を聞かせ、次に軽い電気ショックを与えて、最終的に犬がベルだけで反応するようになるかどうかを調べていた。この条件付けが完成した後、犬たちを一匹ずつ「シャトルボックス」という、二つの部屋が低い壁で仕切られている大きな箱に入れる。犬は、一つの部屋では電気ショックを与えられるが、もう一つの部屋にいれば安全である。そして仕切り壁は容易に飛び越えることができる。研究者たちは、犬たちはベルの音を聞いたとたんに、ショックが来ることを予想し、仕切りを飛び越えて安全な部屋に逃げ込むと予測していた。しかし実際にはそうならなかった。

ある日研究室に入って行ったセリグマンは、先輩たちが愚痴をこぼしているのを耳にした。「あの犬たちときたら、ベルが鳴っても動こうともしない。あいつら、なんか変だよ」

犬たちがその仕切りを飛び越えられることは、実験が始まる前にちゃんと確認されている。しかしいま、犬たちは危険な部屋の中に横たわったまま、じっとしているのである。先輩たちは、実験が失敗だったらしいと考えていたが、セリグマンはこの「思いがけない発見」の価値を見抜いていた。彼らは意図せず、犬たちに「無力感」を教え込んだのである。犬たちは、最初の条件付けによって、ベルが鳴ったら必ずショックが来る、何をしても避けられないということを学習した。だから新しい状況においても、苦痛を避ける方法はないと信じ込んでいて、もう一つの部屋に逃げ込むという選択肢を試さない。基本的にはヨハネスブルグの建設会社の社員たちと同じだ。「どうせダメなのに、やったってしょうがない」というわけである。

人間の行動を何十年にもわたって研究してきたセリグマンのグループは、これらの犬が示した

「無力感」のパターンは、人間の行動にもごく普通に見られることを発見した。私たちは挫折や大きなショックに出あうと、希望を失ってしまい、ただあきらめるという道を選ぶ。現代のストレス過多のビジネス界では、言ってみればオフィスの個室がシャトルボックスで、そこで働く人たちはショックにおびえる犬である。

実際に、人間の行動がどれほど犬たちの行動と似ているかを示した研究もある。人を二つのグループに分けて部屋に入れ、大きな不快音を流す。それから「壁のパネルにあるボタンをいくつか押して、音を止める方法を見つけてください」と伝える。最初のグループは、ボタンをあらゆる組み合わせで押してみるのだが、音は止まらない。実は、わざと止まらないようになっているのである（これも意地悪な実験だ！）。二つ目のグループの部屋は、ボタンを押せばちゃんと音が止まる。それから二つのグループの人々は別の部屋に案内される。犬のシャトルボックスにあたる部屋である。ここでもまた、耳障りな音が聞こえてくる。

今度は音を止めるには、どちらの部屋の場合も、壁のハンドルを反対側に倒せばいい。犬たちが低い仕切りを飛び越えるのと同じくらい単純な解決法である。二つ目のグループはこのことをすぐに発見して、不快な音を止めた。しかし、最初の経験で音を止められなかった一つ目のグループの人たちは、動こうともせず、音を止めようともしなかった。一人の研究者はこう言った。

「人々は音を止めることに無力であることを学習したようだった。だから時も場所もさっきと変わったのに、音を止めようという努力をしなかった。二つ目の実験にも、音を止められないという無力感を持ち込んだのである」

♡不況の一撃

上海はじつに驚くべき急成長を遂げた都市だ。ついこの間ともいえる一九九〇年代まで、現在一九〇〇〇万の人口を擁するこの都市の大部分は農村だった。外国資本が流れ込んで開発が急速に進んだのである。かつて街一番の高さを誇っていた二〇階建てのオフィスビルは、いまでは一〇〇階を超す高層ビルに囲まれてすっかりチビに見える。林立する高層ビル群が、この都市の永遠の繁栄を約束しているかのように見えた。

私が初めて上海に行った二〇〇八年の夏、中国だけでなく世界中で、この繁栄の約束が突然棚上げにされてしまったかのようだった。浦東金融地区の一〇四階のオフィスから、ニューヨークの証券取引所まで、どこへ行っても人々はストレスに押しつぶされていた。金融の津波が次にどこを襲うのか誰にも予測がつかない。人々は絶望にとらわれ、いまの場所から一歩も踏み出せなくなっていた。彼らをそれほど凍りつかせているものが何なのかを分からせてくれたのは、一人のマネジャーのこの率直な言葉だった。「市場の力はコントロール不能だ。株価も思うようにはならない。上司の決断も私にはどうにもできない。私にできることは何一つない。そして水かさはどんどん増してくる」

過去二年間、多くの企業にコンサルティングを行って分かったことは、二〇〇八年の金融崩壊とその余波は、世界中のビジネスパーソンに「無力感」を学習させてしまったということだ。つまり、「自分たちが何かしてもどうにもならない」という感覚である。しかし、頭の中の地図から上方へ向かう道を消し去ったり、道を探そうとする意欲をなくしてしまったりすれば、試練に取り組む力は失われてしまう。

しかもこの状況は波及する。人生の一分野で無力感を味わうと「過剰学習」が起こり、その部分に関してあきらめるだけでなく、無力感を他の分野にもあてはめてしまう。一つの道が行き止まりなのだから、他の道もすべて行き止まりに違いないと思い込む。だから仕事での挫折が、人間関係への失望にもつながりかねない。あるいは誰かと仲たがいすると、他の同僚との結びつきも強めようとしなくなる。

こういった「過剰学習」が起こると、無力感の悪循環が始まり、生活の何もかもがうまくいかなくなる。まさしく「悲観主義」や「うつ」と呼ばれる状態である。頭の中のイベントマップに描かれる道はすべて行き止まりで、確実に失敗へ続く道しか残されていないと思ってしまう。こういうネガティブサイクルは、もっと大きな社会的な規模でも起こる。スラム街の学校であれ、刑務所であれ、社会のあらゆる場所に「学習された無力感」は蔓延している。上方に向かう道があると信じないなら、そこにうずくまっているしか選択肢はない。

◎上に向かう道を見つける

一九〇〇年代の初めに、ビジネスチャンスを探るためにアフリカに派遣された二人の靴のセールスパーソンの話を聞いたことがあるだろうか。二人はそれぞれ上司に電報を打った。一人はこう書いた。「まったく見込みがない状況です。ここでは誰も靴を履きません」

もう一人はこう書いた。「素晴らしい好機です。ここではまだ誰も靴を持っていません」

同じ二人のセールスパーソンが現代にいて、アラスカに派遣されてエアコンを売るとか、ゴビ砂漠で水着を売るということになっても、おそらく同じようなメールを上司に送ったに違いない。

苦境に陥ったときに、その中にチャンスを見出そうとせず、ネガティブな状況をポジティブに変える努力をやめてしまう人たちがいる。しかし、成功している人たちは、自分の運命を決定するのは逆境そのものではなく、それに対して何をするかだということを知っている。ただ無力感を抱いてじっとしている人がいる一方で、気持ちを静め、持てる力を最大限に使い、前に進んでいく人もいる。

♡二人のブローカーの話

ここに株のブローカーが二人いるとする。分かりやすく、ベンとポールとしよう。二人とも六ケタの給料にボーナスがつく高給取りだ。もう何年もこういう好条件で働いてきて、これからもそれが続くと思っていた。

ところが金融危機が起き、二人ともその大波に押し倒された。ポールはショックに打ちのめされた。メルセデスを乗り回すこれまでのような暮らしは、もはやおぼつかない。入ってくるニュースは日ごとに悪くなるばかりだ。彼は絶望の淵に深く沈んでいった。一方ベンもまた、最初は同じようにショックを受けた。ところがこのできごとを、人生の目標を再評価し、新しいプロジェクトを追求するいい機会と考えた。二人は同じような経歴で、職業上の経験もほとんど同じであるのに、これほどに結果が違ってくる。

逆境に対してポールのように反応する人はたくさんいる。しかし、ベンのような例もまた実際にある。ベン・アクスラーは、バークレイにある投資銀行の業務部門の副部長だった。思いがけず解雇されたとき、彼は自分を憐れむ代わりに、これまで夢見てきた新しいキャリアに踏み出すまたとないチャンスだと考え、ヘッジファンドを始めた。不運を利用して、それを素晴らしい機会に変えたのである。経済が下り坂だったにもかかわらず、彼は大勢の顧客を得て、以前にも増して幸せにもなり、経済的にも豊かになった。自分なりの「第三の道」を見つけることができたからである。

♡危機を成長のきっかけとする

個人的な危機が人の前向きな成長の土台になるのと同じように、経済的な危機もまた企業の成長のきっかけとなる。危機によって力を得て、大きな成功をなし遂げる企業はたくさんある。ヒューレット・パッカード、テキサス・インスツルメンツなど、二〇世紀の巨大企業の多くは、まさに世界大恐慌をその出発点としている。同様に米国トップ企業の多くは、不況を機にビジネス手法を再評価して改善している。

「タイム」誌は一九五八年に、次のようなことを述べているが、これは現在にも十分通じることだ。「多くの会社が事業を縮小する中で、本当は何年も前に実行すべきだったのに好況期には見逃されていた新しいビジネスのやり方を発見する企業もある」

不況時には、コストを削減する独創的な方法が見出されるだけでなく、マネジャーたちが現場の社員や業務と緊密にかかわるようになる。ある企業の社長は、不況期を通り抜けることがいかに重要か分かったと言った。

「可能な限りの業務改善を行うことができた。現在はその改善点が非常にうまくいっていて、この不況がたとえ明日終わったとしても、もとのやり方に戻ろうとは思わない」

この「タイム」誌の記事は、五〇年も前に書かれたものだ。しかし、いま最も成功している大企業が当時の不況の打撃からどのように立ち上がったかを見ると、それがそのまま現在の不況にも通じることが分かる。

優れたリーダーとは、ビジネスの絶頂期にではなく、困難な時期に真価を発揮する人のことである。金融危機などが起きると、多くのリーダーは、本能的に身を縮めて事態が持ち直すまで待とうとするだろう。しかしウォールストリート・ジャーナル紙は、それはまったく間違ったやり方で、マネジャーは平常の二倍の努力をすべきだと強調している。「危機のときこそ創造性が引き出される」からである。目の前の障害物を見て身動きできなくなってしまうリーダーは、この大きなチャンスを逃すことになる。無力感はマネジャー自身の能力を低下させるだけでなく、社員を不安にし、会社の利益も損なう。

一方で、危機によって気力とモチベーションが高まるようなリーダーは、さまざまな面で素晴らしい成果を手にすることになる。たとえば、他の経営者たちが会社の生き残りを図るだけで精いっぱいというときに、ペプシコのCEOインドラ・ヌーイは、不況をいい機会と考え、世界中の支社を回ることにした。個々に社員たちを元気づけ、会社への信頼を確かなものにしたのである。その結果、社員の士気は大いに上がり、業績が改善された。二〇〇九年、「フォーチュン」誌はヌーイを「ビジネス界で最も力強い女性」と称えた。

障害や挫折に出あったとき、無力感に屈してしまえば床から立ち上がれない。しかしチャンスをつかむ道を探せば、起き上がることができる。次は、仕事の上で「第三の道」を見つけるための戦略をいくつか紹介しよう。

♡「反事実」を変える

私は、いろいろな国のビジネスリーダーたちに、次のようなストーリーをよく話すが、どこでも同様の結果になる。

「銀行に行ったと想像してみよう。中には五〇人ほどの客がいる。そこへ銃を持った強盗が入ってきて発砲した。それがあなたの右腕に命中した」

さてこのできごとをありのまま、翌日友人や同僚に話すとする。あなたは「幸運」として話すだろうか、「不運」として話すだろうか。

エグゼクティブ研修でこの質問をすると、大声で言い合いになるのだが、意見はたいがい七対三に分かれる。七〇パーセントは「きわめて不運なできごと」であると主張し、三〇パーセントは「非常に運がいい」と言う。まったく同じできごとに対して、これほど違う解釈が可能であるということがよく分かる。しかし本当の洞察が得られるのは、なぜそう考えるのかを説明してもらったときである。

不運だ、というグループはだいたい次のようなことを主張する。

「別の時刻に行くことも、別の銀行に行くこともできた。こんなできごとはめったに起こるものではない。その時間にそこに居合わせたことが不運だし、おまけに撃たれたのだから不運に決まっている！」

「私の腕に弾丸が命中したという客観的な事実が、不運である」

「銀行に入って行ったときには完全な健康体だった。それが救急車で運び出されるはめになったのだ。講師はどう言うか知らないが、これが幸運ということはありえないだろう」

愉快だったのは、エルシーという名の銀行家の返事だ。彼女は非の打ちどころのない英国アクセントで、ドライにこう言い切った。「基本的に、はなはだ迷惑です」

しかしもっと面白いのは、何度か聞いたこういう意見だ。そして、それを言ったのは全員がウォールストリートの金融マンである。「銀行の中には少なくとも五〇人がいた。私よりもっとほかに、撃たれることに値する人間がいたに違いない」（こういう返事を聞くと、本当かな、と思ってしまう）

これら「不運」だという人々は、銀行へ行くという当たり前の行動をして銃で撃たれるはめになったことを、なぜ運がいいと解釈しうるのか理解できない。さて彼らは次に、もう一方のグループの説明を聞く。

「腕じゃなくてもっと重要な個所を撃たれていたかもしれない。命を落としたかもしれない。だからすごく運がいい」

「五〇人もいて、他の誰も撃たれなかったのは奇跡的だ。子どももいただろう。全員が生きて帰って経験を語れるというのは非常にラッキーなことだ」

反応は非常に異なるけれど、実はすべての参加者の頭の中で、まったく同じことが行われていた。脳が「反事実（実際とは異なるストーリー）」を創り出したのである。その反事実との対比で、実際に起こったことを評価し説明するというやり方である。つまり、できごとを不運だととらえた人は、「銀行に行って撃たれずに戻る」という別のシナリオを想像し、それに比べると現実は非常に不運だと考える。しかしもう一方のグループは、まったく別のシナリオを創り出している。「頭を撃たれて即死する」「ほかにも多くの人が撃たれる」というシナリオである。それに比べれば、みんなが生きて帰れるというのは運がいいというわけだ。

ここで重要なことは、どちらの反事実も完全な仮定だということである。自分の頭の中で創り出したものでしかない。だから私たちはどんな状況においても、自分はみじめではなく幸運だと思えるような反事実を選択することができる。ポジティブな反事実を選べば、気分がよくなるだけでなく、心がポジティブな状態であれば、モチベーションが生じ業績も向上する。

またその反対に、いまの悪い状況がより怖く感じるような反事実を選べば、それが必要以上に大きく見えてくる。たとえば、ヴァージニア大学の研究者たちが行った興味深い研究がある。坂の上で実験協力者をスケートボードの上に立たせ、坂の傾斜角度がどれくらいあるかを推測してもらうというものである。スケートボードの上に立つことに不安や恐怖を感じる人ほど、斜面の傾斜は大きく感じられる。気分をめいらせるような反事実を選べば、客観的な現実さえ違って感じられ、困難がもたらす影響を実際以上に大きくしてしまうのである。

♡「説明スタイル」を変える

専門職についている人たちはみな日々困難に出あうものだが、特に営業という職業は、その性質上、失敗と拒絶の連続と言っていい。多くの業界で、営業が成功するのは九回に一回だという。つまりセールスパーソンたちは、営業活動の九〇パーセントは拒絶されているわけだ。これが続くと完全に意気阻喪してくる。生命保険のセールスパーソンの離職率がきわめて高いのもうなずける。一九八〇年代後半、大手生保のメットライフ社では、離職率が非常に悪化した。半数は一年以内に辞めてしまい、四年目までに五人のうち一人しか残らないという状況だった。そういうわけで、新しいセールスパーソンを雇う経費だけで年間七五〇〇万ドル以上かかっていた。

メットライフ社は、マーティン・セリグマンを雇った。その頃彼は、「犬の学習された無力感」の研究から離れ、その成果を活かして、人がどのように逆境から立ち直るかという研究をしていたからだ。たいていの人は挫折を繰り返すと、気落ちして無力感を感じるようになるが、セリグマンは、そういう状況でも平気な人たちが必ず少数存在するということに注目していた。彼らはどれほどの困難に出あっても、常に気力を取り戻して立ち上がる。セリグマンは間もなく、そういう人たちに共通するのが、「困難な状況の説明の仕方がポジティブである」ことだと気づいた。研究者たちが、「楽観的な説明スタイル」と呼ぶものである。

それ以来何十年かにわたる研究により、「説明スタイル（起きたできごとの本質をどのように説明するか）」が、幸福度や将来の成功に決定的な影響を与えるということが実証された。「楽観的な説明スタイル」を持つ人たちは、逆境を「限定的で一時的なもの」と解釈する（それほど大したことじゃないし、すぐに回復するだろう）。一方、「悲観的な説明スタイル」を持つ人は、同じできごとを、より「大々的で永続的」だと考える（まったくひどい状況だ。もう二度とよくなることはないだろう）。こういう信念はそのまま行動に表れる。後者のタイプの人は無力感に落ち込み、努力を止めてしまうが、前者のタイプの人は、よい結果を出そうといっそう努力する。

成功への道のほぼすべてを、説明スタイルが決定するということが実証されている。「説明スタイル」を調べれば高校生がどんな成績を取るかも予測できるし、陸軍士官学校の新入生がうまくやっていけるかどうかも分かる。「楽観的な説明スタイル」を持つ士官学校の一年生は、入学時のテストの成績から予測されるよりもいい結果を出し、他の生徒に比べて脱落する率も低い。スポーツの世界でも、大学の水泳選手からプロ野球選手まで、どんな選手も「説明スタイル」によって成績が変わってくることが実証された。心臓バイパス手術後の回復状況にまで、「説明スタイル」が影響する。

セリグマンが前述の生命保険会社から、セールスパーソンの高い離職率という問題の解決を頼まれたとき、彼はまずセールスパーソンたちの「説明スタイル」に注目した。調査をした結果、楽観的な説明スタイルのセールスパーソンは、悲観的な人に比べ、三七パーセントも多く保険を売っており、最も楽観的な人たちと最も悲観的な人たちを比べると、なんと八八パーセントも売り上げに差があった。また楽観的な人が仕事を辞める割合は、悲観的な人の約半分だった。

これこそが、メットライフ社が探していた答えだった。会社は、「説明スタイル」だけのテストを行い、特別セールスチームを結成した。その効果は歴然だった。さっそく次の年に、この楽観チームは他のセールスチームを、業績において二一パーセント上回り、さらに翌年には五七パーセント上回ったという。

これが図星だったと理解したメットライフは、急きょ採用の基準を完全に変更することにした。業界の一般的なテストで不合格でも、「説明スタイル」の評価テストでよい成績であれば、その候補者を採用した。逆に、一般的なテストでどれほど優秀でも、「説明スタイル」の成績が悪ければ採用しなかった。その結果、わずか二、三年でメットライフ社の離職率は急低下し、市場シェアは五〇パーセント近く上昇した。

♡「ＡＢＣＤ」を学ぶ

困難をチャンスに変えるというのは一種の技能なので、それが自然にできる人もいればうまくできない人もいる。また楽観的な説明スタイルを、生来持っている人たちもいる。彼らは逆境に陥っても、自分が幸運だと思えるようなもう一つのシナリオ（反事実）を自動的に思い浮かべ、困難を一時的で限定的なものだと解釈し、ほかの人が悪い予感しか感じられないときでも、こんなときならではのチャンスを見つけ出す。だが、それ以外の人たちは、楽観的な説明スタイルをもともと持っていない。しかし幸いなことに、このテクニックは学習することができる。

逆境から好機へ向かう道を見つけるための方法の一つは、解釈のＡＢＣＤモデルを練習することだ。それは、Ａ（Adversity＝困難な状況）、Ｂ（Belief＝信念）、Ｃ（Consequence＝結果）、Ｄ（Disputation＝反論）である。

Ａの「困難な状況」自体は変えられないので、そのままである。Ｂの「信念」は、そのできごとをどう考えるかである。なぜそれが起きたのか、それが将来にとってどんな意味を持つのか。それは一時的で限定的な性格のものか、永続的で大々的なものか。解決方法が分かっているか、解決不能なものか。

この逆境が短期的なもので、成長の機会であり、人生のわずかな一部分にしかすぎないと思うことができれば、ポジティブなＣ「結果」を得るチャンスは最大になる。しかしもっと悲観的に、ものごとがさらに悪くなると信じれば、無力感と無為がネガティブなＣ「結果」をもたらす。そうなってしまったときには、Ｄの「反論」を使う必要がある。

反論するためにはまず、Ｂ「信念」というのは単に自分が信じていることにすぎず、事実そのものではないと自分に言い聞かせる。それからそれに対して疑問を呈し、反論する。心理学者はこれを、声に出して行うことを勧めている。つまり、実際に誰かと議論しているような感じで行うのである。「そう信じる証拠がちゃんとあるのか」「完璧に立証できるのか」「誰かがそんな理屈を言ったら君は納得するか」「客観的に見てそんな考えは屁理屈にしか聞こえないじゃないか」「他にもっと説得力のある解釈はないのか」「もっと適切な反応の仕方はないか」「もっと別の反事実を創れないか」。

そして最後に、いまの状態が本当に悪い状態であるとしても、反論を行う前に感じたのと同じくらい悪いかどうかを考える。この独自の方法は、「デカタストロファイジング」と呼ばれ、いまの悪い状態が現実であっても、最初に思い込んだほどには絶望的ではないことを、時間をかけて自分に分からせるものである。グリーティングカードに書かれた陳腐な励ましの言葉のように聞こえるかもしれないが、「ものごとはたいてい、自分が思うほどには悪くない」というのが、基礎生理学に基づく事実なのである。何千年もの進化の過程を経て、人間はきわめて過酷な生活環境にさえ、きわめてうまく適応できるように作られてきた。逆境は決して、最初怖れたほどにはひどくないし長くも続かない。

たとえば、ひどい負傷をすると、二度と幸せを感じることはできないだろうと思うものだ。しかし実際には身体の一部が動かなくなった人たちも、最初の非常につらい適応の時期を過ぎると、そのほとんどが以前と同じくらいの幸福度に戻っていく。このように、人間の精神はかなりの弾力性をもっているのだが、そのことを私たちはあまり気づいていない。だからたとえば失恋や失業などの失意に出あうと、これから自分はものすごく不幸になってずっとそのままに違いないと、おおげさな推測をしてしまう。心理学用語でいうと「免疫軽視」である。人は誰でも有効な心理的免疫システムを持っていて、それが逆境を乗り越えさせてくれるのだが、そのことをたいてい忘れているということだ。

『幸せはいつもちょっと先にある』を書いたダニエル・ギルバートは、多くの研究によって「免疫軽視」が実際に起こる例を示した。大学生は、失恋したら自分がどれほど絶望的になるかを過大に考える傾向がある。准教授たちは、教授になってから終身地位を獲得できなかったらさぞみじめだろうと考えているが、実際にそうなった教授たちはさほどの不幸を感じない。

逆境はどんなものであれ、自分が想像するほどひどくならない。なぜなら、ひどい結果を予想することによる恐怖は常に、結果そのものよりも悪いからだ。この人間心理の奇妙な性質を知っておくだけで、人生にはつきもののさまざまな不幸を、より楽観的に解釈できるようになる。

だから仕事で行き詰まったり、職場でフラストレーションがたまったり、個人生活において大きな失望があったりして、絶望感や無力感にとらわれたときには、いつも必ず上方へ向かう「第三の道」があるのだということを思い出そう。ただその道を見つけさえすればいい。

そして何より大事なのは、成功とは「一度も失敗しないこと」ではない、ということを理解することである。私が「老人のための」実験でやったように、転んでも転んでも立ち上がること。それも単に立ち上がるだけではない。落ちる勢いを利用して跳ね上がる。つまり不運や逆境を活用して、以前よりも幸福になり、モチベーションを高め、よりよい成果を上げること。だから「フォーリング・ダウン（つまずき）」ではなく、「フォーリング・アップ（再起）」なのである。

法則5　ゾロ・サークル

——小さなゴールに的を絞って少しずつ達成範囲を広げる

現在の米国の南西部がスペインに支配されていた時代、ゾロという名の仮面をつけた英雄が出没し、弱い者のために闘っていたという伝説がある。毅然として、礼節をわきまえ、怖れを知らぬゾロは、永遠のヒーローであり、多くの本やテレビ番組や映画に登場している。しかもそれらヒーローの資質に加え、彼は気の利いたジョークも言うし、女性の扱いも巧みである。映画でアントニオ・バンデラス演じるゾロは、一人の男には多すぎるほどの魅力を備えている。

しかしゾロのストーリーには、あまり知られていない部分がある。伝説によれば、ゾロは最初から、シャンデリアにぶら下がって飛び移ったり、剣の一振りで一〇人の相手をなぎ倒したりする勇猛な剣士だったわけではない。映画「マスク・オブ・ゾロ」の初めの部分を見ると分かるように、若い頃のアレハンドロは、性急で、忍耐や規律という面でも未熟な男だった。ともかく悪い奴らをやっつけて、世の不正をただすのだと、無鉄砲な情熱を燃やしていた。身の程知らずに高く飛べば、落差も大きい。アレハンドロは挫折してやけっぱちになり、無力感から酒びたりの日々を送っていた。そんな彼の前に現れたのが、老剣士、ドン・ディエゴである。

ドン・ディエゴは、この若者のもつ可能性を見出し、自分のもとへ迎え入れた。そしてアレハンドロに、熟達と勝利は、「努力と時間」によってのみもたらされるのだと言い聞かせる。ドン・ディエゴの隠れ家である山奥の岩穴で、アレハンドロの訓練が始まった。まず老師は、土の上に小さな丸い輪を描き、アレハンドロは何時間もこの輪の中で闘わされた。ドン・ディエゴは「この円がお前の世界だ。生活のすべてだ。わしが次の指示をするまで、この円の外には何もないと思え」と言った。

アレハンドロが小さな円の中で自在に動けるようになると、ドン・ディエゴは彼に、徐々により難しい技を試させるようになった。彼はそれを一つずつ達成して行った。やがてロープにつかまって飛び移ることもできるようになり、師を剣で打ち負かすようにもなった。燃えるろうそくの上で腕立て伏せをすることだってできる（これができてもあまり実用的ではないと思うが、映画の場面は印象的だった）。

だがこれらの技はどれも、最初に小さな円を習得することを学ばなければ、習得できなかったのである。以前のアレハンドロは、自分の感情もコントロールできず、自身の技についても無知で、目的が達成できるという真の自信も持っていなかった。自分の運命を制御できるという感覚さえなかった。彼は、最初の小さな円をマスターして初めて、伝説の男ゾロになる道を歩きはじめたのである。

♡コントロールの円

仕事や個人生活において大きな目標を達成するにはどうすればいいかを考えるとき、「ゾロ・サークル」のコンセプトを比喩として使うと大変分かりやすい。成功に向けてがんばる力をもたらしてくれるのは、自分の行動がものごとを変えるという信念、自分の将来は自分で決められるという信念である。

しかし、ストレスも仕事量も、自分の能力が追いつかないほどの勢いでたまっていくようなときには、そういう「コントロール感覚」が、真っ先に失われてしまう。とりわけ、何もかも一度にやろうとすると、そうなりやすい。そういうときは、まず小さな達成しやすい目標に努力を集中することで、仕事を達成するために不可欠のコントロール感覚を取り戻すことができる。

とりあえず努力する範囲を狭くし、その努力が意図した通りの効果を上げていることを確認する。そして必要なリソース、知識、自信を蓄えながら、次第に円を拡大して、大きな範囲を征服していく。

ドン・ディエゴは若いアレハンドロに、一夜にして大胆不敵な剣士になる方法を教えたのではない。彼は小さい円からスタートし、少しずつ大きくなる範囲をマスターしていった。その後に、彼の伝説的な成功が続くのである。

◎植物の世話とキャリア――コントロール感覚の重要さ

「コントロール感覚」、つまり仕事においても家庭においても、自分が自身の運命の主人であるという感覚は、幸せと成功をもたらす最も大きな推進力となる。大学生の場合も、高いコントロール感覚は、幸福度を高めるだけでなく、成績も向上させ、自分が本当にやりたい仕事を追求するモチベーションにもなる。同様に、仕事において高いコントロール感覚をもっていると答えた社員は、業績もよく、仕事により多くの満足感を覚えている。

この恩恵は、職場からさらに周辺へ波及していく。三〇〇〇人近くの賃金労働者、給与労働者を対象にした、労働省の二〇〇二年「労働者の変容に関する全国調査」によれば、仕事におけるコントロール感覚が高いほど、家族、職場、人間関係など人生のすべての面での満足感が大きいという。仕事においてコントロール感覚を持っている人は、ストレスレベルが低く、仕事と家庭をうまく両立させ、離職率も低い。

仕事におけるコントロール感覚の、生産性、幸福度、健康などに及ぼす影響を調べた研究結果で興味深いのは、それらの影響が、「その人がどれだけ実際にコントロールできるか」ではなく、「どのくらいコントロールできると思っているか、に関係するという点だ。前の章で、自分の世界をどう経験するかは、ほとんど「マインドセット」によって決まるということを書いた。仕事や人生において最も成功している人というのは、心理学者が呼ぶところの「内的統制感」、つまり自分自身の行動が結果に直接作用するという信念を持っている人だ。その反対に「外的統制感」を持つ人は、日々の出来事が外部の力によって支配されていると考えやすい人である。

「内的統制感」を持つ人が職場の状況に適応しやすいのは当然と言える。たとえば、期待していた昇進がかなわなかったとする。「外的統制感」を持つ人は「うちの会社は能力を見る目がない。俺なんか最初からダメだったんだ」と考え、その結果やる気を失う。何をやっても無駄だと考えれば、前章で説明した、あのたちの悪い「学習された無力感」の魔の手に落ちてしまう。一方、「内的統制感」を持つ人は、自分の不十分だったところを探し、その部分を改善しようとする。

外的統制感の人は、失敗したときの責任を逃れようとするあまり、成功の手柄までも逃してしまう。これは失敗するのと同じくらいに望ましくない。自信も失われるし、一生懸命仕事をしなくなるからだ。私はかつて、強い外的統制感を持つクライアントと仕事をしたことがある。彼女はいくら仕事ぶりを褒められても、ただ運がよかったとか、上司が甘いだけだという。自分の行動が業績に貢献しているという実感が持てないため、仕事に本気で打ち込むことも、仕事から満足感を得ることもできなかった。

コントロール感覚が成果に影響することがよく表れているのは、スポーツの世界である。決まって行われる試合後のインタビューで、最高の選手たちはどういうことを言うだろう。失敗したとき、太陽が目に入ったからだとか、レフェリーの判定ミスだとか言うだろうか。勝利を星の位置や幸運のせいにするだろうか。いや、彼らは勝ったときには賞賛を喜んで受け、負けたときには敵方の健闘を称える。自分の行動が、運命の大半を決めるのだという信念が努力につながり、その努力が実を結ぶのを見ることによって、自分への信頼がますます強まる。

これは、生活のあらゆる面において言えることだ。自分に人生をコントロールする力があると信じている人は、学校での成績もよく、職業においても成功し、職場での幸福度も高い。内的統制感は、仕事のストレスや離職を減らし、モチベーションや組織に対する責任感を高め、業績を上げる。また、内的統制感のある人は、人間関係も強固である。コミュニケーション能力が高く、問題解決や共通の目標達成のために人と協力する能力も優れているので、それも当然だろう。人の話もよく聞くことができ、社交上手でもある。これらの資質を持った人は、仕事でも家庭生活でも成功できる。

仕事でも家庭でも、コントロール感覚が持てればストレスが減り、それは健康にも影響する。七四〇〇人の会社員を対象にした大規模な調査で、他人によって仕事の締め切りが決められ、自分に裁量の余地がほとんどないと感じている人は、冠動脈性心疾患のリスクが、そうでない人に比べ五〇パーセントも高いという結果が出た。コントロール感覚が身体に与える影響の大きさは驚くばかりで、仕事上のプレッシャーを自分でどうすることもできないという感覚は、高血圧と同じくらい、心臓病のリスク要因になるという。

だが、もっと目を見張るような例が、ビジネスの世界以外にあった。高齢者たちである。老人ホームの入居者のグループに毎日、観葉植物の世話などの簡単な仕事をしてもらい、そのやり方は彼らの裁量にまかせた。すると老人たちの幸福度が改善したばかりでなく、死亡率がなんと半分に下がったという。観葉植物の世話などは、ほんの小さな円でしかない。しかし、その小さな仕事に関しては自分が主人であるという感覚が、本当に寿命を延ばしたのである。

◎コントロール感覚を失う——脳の中の闘い

コントロール感覚がどれほど私たちの成功にとって重要であっても、ときにはそれを失うこともある。性格的に外的統制感を持ちやすい人もいるが、大半の人は、あまりに多くの時間を要求されたり、いろいろ考えなければならなかったり、能力以上のものを求められたりしたときに、コントロール感覚を失う。これがどのように起こるのかを完全に理解するために、脳の中をちょっと覗いてみよう。

日々の生活における人の行動は、脳の中の二つの対立する部分によって決まることが多い。膝蓋腱反射のような感情システム（これをジャークと呼ぼう）と、理性的な認知システム（シンカーと呼ぶ）である。人の進化の過程で最も古い脳の部分がジャークで、これは大脳辺縁系にあり、小脳扁桃が支配している。たとえば膝蓋腱反射は、何千年も前、人間の生存にとって不可欠だった。サーベルタイガーが茂みから飛び出してきたとき、人は論理的に思考しているヒマはない。だから身体に反射的動きが生じて行動を起こさせるのである。小脳扁桃が警告を発すると、体中にアドレナリンとストレスホルモンが満たされ、即座に本能的行動が起きる。これが「闘争─逃走」反応である。ジャークのおかげで、一万年後、子孫の私たちがこうして生きていられるのである。

現代ではありがたいことに、会社の周囲にサーベルタイガーが現れることはまずない。今の世界に起こる問題は、逃げるか食われるかといったことよりずっと複雑である。ジャークのような反射的な行動は、有益であるよりも有害なことの方が多い。特に、大事な決断をするときに反射的に決めてしまったりすれば、トラブルの連続となる。だから、何千年もの進化の過程で、シンカーが発達してきたのである。

シンカーは脳の理性的なシステムで、主に前頭前皮質にある。ここは論理的な思考に使われる部分で、多くの情報を処理して結論を引き出したり、将来の計画を立てたりする。シンカーの目標はシンプルだが、進化による大きな発展を反映している。それは「考えてから反応する」ということだ。

日々起こる問題のほとんどは、シンカーに任せる方がうまくいく。しかし悪いことに、ストレスを感じていたり、冷静さを失っていたりするときには、ジャークに主導権を握られてしまうことがある。これは意識的に行われるわけではなく、むしろ生物学的に起こる。大きなプレッシャーを感じると、身体はコルチゾールを大量に作り出す。これはストレスに関係して生じる有害な化学物質である。ストレスが限界に達すると、ささいなつまずきが引き金となって、小脳扁桃の反応を引き起こす。これは言ってみれば脳のパニックボタンである。それが押されると、ジャークはシンカーの防御を打ち破り、人を意識的思考のない行動に駆り立てる。「考えてから行動する」代わりに「闘争―逃走」反応が引き起こされる。心理学者たちはこういう状況を、「感情のハイジャック」と呼ぶ。

過去一〇年ほど、このような「感情のハイジャック」がどのように仕事の業績や決断に影響するかを調べる研究が行われてきた。心理学者のリチャード・デイヴィッドソンは、神経科学の専門知識を用いて、なぜストレスに負けにくい人と、簡単に打ちのめされてしまう人がいるのか、その理由を突き止めた。実験協力者を、ストレスに強い人と負けやすい人の二グループに分け、両方とも同様のストレスの高い状況に置いた。たとえば、非常に難しい数学の問題を短時間で解かせたり、人生で最もつらかったときのことを文章に書かせたりした。そしてその間に脳がどのように機能するかを、ｆＭＲＩで追跡した。

難問に挑んでいる間の協力者たちの脳を見ると、理性的な部分と反射的な部分の両方が光って、権力闘争をしている様子が分かる。そのパターンを比較して見ると、ストレスに強い人、つまりレジリエンスの高い人は、前頭前皮質がたちまち大脳辺縁系に勝利する。つまりシンカーがすみやかにジャークを追い出す。一方、ストレスに負けやすい人、つまりすぐに感情的になる人は、小脳扁桃の活動がどんどん活発になっていく。ジャークがシンカーを退けて、脳が理性的に問題に対処する能力を抑え込んでしまうわけだ。したがって苦悩がますます大きくなる。

♡職場で「感情のハイジャック」が起こる

ここまで読んだみなさんは、この脳の行動が、仕事上の目標達成にどう関わるのだろうと思っているのではないだろうか。これは実際に、非常に大きく関わる。ベストセラーになった『EQ～こころの知能指数』の著者、心理学者のダニエル・ゴールマンは、この感情のハイジャックが日々の仕事に及ぼす悪影響について膨大な研究を行った。

職場では、小さなストレスが長い間蓄積されるということがよく起こる。そういう状態の人は、ささいな不快やイライラをきっかけに、簡単にコントロールを失う。つまり、ジャークが運転席に座ってしまう。この「感情のハイジャック」が起こると、同僚に暴言を浴びせたり、絶望感に打ちのめされたり、突然、気力もやる気も完全に失ってしまったりする。その結果、決断能力、生産性、効率は急降下する。これは本人だけでなく、チーム全体に大きな悪影響を及ぼす。ある大企業を対象に行った調査で、仕事のプレッシャーが一番大きいマネジャーが率いるチームは、業績も収益も最も低かった。

景気の落ち込みは、「感情のハイジャック」の引き金になる可能性が非常に高い。神経科学の研究によれば、財産を失うと、生死にかかわる危険に反応するのと同じ脳の部位が反応するという。つまり私たちは、損失をこうむったり退職年金が減ったりすると、祖先がサーベルタイガーに反応したのと同じ反応の仕方をするのである。

経済学でノーベル賞を受賞した唯一の心理学者、ダニエル・カーネマンの研究のおかげで、ビジネスの決断に「脳の中の闘い」がどのように影響するかということの理解が大きく進んだ。カーネマンの研究が発表されるまで、人間というのは理性的に判断をするものだと信じられていたのである。金融や経済に関する決断も、考えられる利益と損失を合理的に評価して判断するのだと思われていた。しかし、カーネマンとその同僚のエイモス・トベルスキーは、それが大きな誤りであることを証明した。

「最後通牒ゲーム」と呼ばれる有名な実験は、次のようなものだ。互いに初対面の人を二人、部屋に招き入れる。そのうちの一人に一ドル札を一〇枚渡し、それを好きなように相手の人と分けるように言う。自分が一〇ドル全部取ってもいいし、六ドル取って相手に四ドル渡してもいい。それからもう一人には、最後通牒の権利を与える。つまりその人は、差し出されたカネを受け取ることも拒否することもできる。ここで大事なことは、その人が拒否した場合には、二人ともカネをもらえないということだ。

経済学者の従来の考え方からすれば、これはきわめて単純なゲームである。理性的な人なら、どんなにわずかでも、もらう方を選ぶはずだ。たった一ドルでも、もらえないよりは得だからだ。しかし結果は、一ドルや二ドルを提示された場合には、ほとんどの人はそれを受け取ることを拒否した。それは、選択肢を合理的に比べるよりも、不公平な扱いをされることに対する怒りや不快感が行動を支配したからである。相手に対する悪意によって、タダでもらえるはずの二ドルを拒否したわけで、これはもちろん合理的に考えれば理解しがたいことだ。しかし、すべての参加者がこういう行動をとったのである。

そしてさらに調査を続けると、大脳辺縁系が活発なほど、けちな申し出に対する拒否が強まるということが分かった。一人の研究者は「人が不公平な申し出を断るときには、強い感情的な反応(ネガティブなもの)の結果であることを、これらの実験結果が示している」と書いている。

私はさまざまな国の多くの企業で、ジャークが混乱を引き起こすのを見てきた。すべきこととは逆だと分かっているのに、株を高いときに買って、安いときに売ってしまう人がいるのも、それが理由である。市場のバブルに浮かされるのも、そのバブルがはじけたときに市場が大暴落するのも、それが理由である。

ジェイソン・ツヴァイクは、著書『あなたのお金と投資脳の秘密――神経経済入門』の中でこう書いている。「パニック売りがよくないことは誰でも知っている。ところが企業が一株当たり二四セントの利益が二三セントになると発表したとたん、一分半の間に、時価総額は五〇億ドル下がってしまう」

脳のパニックボタンが押されたとき、理性は窓から逃げ出し、その結果、財布にもキャリアにも最終損益にも損害が及ぶ。

◎コントロール感覚を取り戻すには、円を少しずつ大きくしていく

それではどうやってジャークからコントロールを取り上げ、シンカーの手に戻せばいいのだろうか。答えは「ゾロ・サークル」にある。征服すべき最初の目標、つまり最初に描くべき一番小さい円は、「自己認識」である。実験によれば、ひどい落ち込みから一番早く回復する人は、自分の気持ちを認識してそれを言葉で表現できる人だという。脳をスキャンしてみると、言語情報が入ってくるとたちまちネガティブ感情が静まり、気分も改善され、決断能力が高まることが分かる。だから、気持ちを日記に書き出してもいいし、信頼できる同僚や友人に話すのもいい。感じているストレスや無力感を言葉で表現することが、コントロール感覚を取り戻す最初の一歩である。

「自己認識の円」をマスターしたら、次の目標は、状況全体のうち、どの部分が自分にコントロールできて、どの部分ができないのかを見きわめることだ。前述の上海の会社のマネジャーたちにコンサルティングを行った折、私は彼らに、ストレスのこと、日々の試練のこと、そして自分の目標などを書き出すように言った。そしてそれらを、自分がコントロールできるものとできないものに分別するのである。これだけの単純なことなので、一枚の紙があれば誰でもすぐにできる。パソコンのエクセルを使って書いてもいいいし、仕事の後にマティーニを飲みながら、ナプキンの裏に書きつけてもいい。

手に負えないストレスに対処するには、それを一度バラバラにして、自分ではどうにもならないことを切り離してしまうことだ。そして、自分が有効に影響を及ぼすことのできる部分を見きわめる。そうすれば、そこにエネルギーを集中することができる。

上海のマネジャーたちが、自分のコントロールが及ぶことがらリストを書き出すと、次に私は、すぐに達成できそうな小さなゴールを一つ特定するように言った。行動の範囲を狭め、エネルギーと努力をその一点に集中させれば、成功の確率は高まる。みなさんは車を洗うときに、ホースの出口に親指を当てて、水の出る部分を狭くするだろう。そうすれば水圧が集中し、より強力に水を飛ばすことができるからだ。

仕事も同じである。自分が違いを生み出せると思う小さな範囲に努力を結集させることだ。難題は、比較的易しいものから一つずつ取り組む。小さな円から始めて少しずつ範囲を広げていくのである。それによって、自分の行動が結果に直接影響するということ、つまり自分は自らの運命の大半を支配する主人なのだということを再学習できる。「内的統制感」が高まり、自分の能力に対する信頼が固まってきたら、さらに外側に向けて努力を拡大していけばいい。

♡いきなりフルマラソンはできない

これまでずっと素晴らしい業績を上げ続けてきたという人には、こういう考え方がなかなか理解できない。三年前、私は非常に多忙な副社長にコンサルティングを行った。彼女は、仕事ばかりに追い回される生活にうんざりしており、その代わりにマラソンを始めようと思うと言う。忙しくて運動をする時間がなかったため、少々太り気味でもあった。彼女は、三大陸にまたがる巨大ビジネスチームを率いてきたという自負があり、その気になれば自分にはフルマラソンもできると信じていた。私はマラソンの専門家ではないが、この無謀な計画はトラブルのもとではないかと思った。そこで私は、頼まれもしないアドバイスをした。「フルマラソンを走ったことがないのなら、まず体育館でトラックを何周かすることから、ぼちぼち始めた方がいいんじゃないかな。それから、だんだん距離を延ばしていったらどうですか」

しかし、そういうやり方は彼女の好みではなかったようだ。「体育館を何周かするなんて、何を言っているの。私は一カ月後にフルマラソンを走るのよ。すぐに長距離の練習を始めなくては」彼女はおしゃれなランニングシューズを買い、ハイテクのウェアをそろえ、出勤前に猛然と走り始めた。だが二週間後、疲れ果て、おまけに脛骨過労性骨膜炎を起こして走れなくなってしまった。目標よりもおよそ三四キロ少ない八キロしか走れなかったが、いら立ちながらも断念せざるを得なかった。小さな円から始めることを嫌がって、一度にやりすぎたことが失敗につながったというわけだ。そして、非常に不愉快な思いだけが残った。

だが仕事ともなると、無茶な期待を背負うこともよくある。自分が自分に過剰な期待をかけてしまうこともあれば、他者からかけられる期待もある。しかし目標が実現不可能なほどに大きいものだと、無謀なマラソンランナーと同じように、いら立ちと落胆と閉塞感だけを感じて挫折することになりかねない。

現代社会の結果重視の職場では、つい性急に背伸びをしてしまうのも無理はない。トップセールスパーソンになりたい、誰よりも高いボーナスを取りたい、一番大きなオフィスに入りたい、しかもすぐにそれを実現したい、と焦る。新しいCEOを雇えば、会社は次の四半期に収益を上げることを期待される。新しいヘッドコーチを迎えれば、次の試合は当然勝つものと期待される。テレビの「リアリティショー」（素人の出演者の経験を紹介する番組）がその傾向に拍車をかけている。変化はすぐに目覚ましい形で起きるのでなければ意味がないという文化を生み出しているからだ。視聴者は、コマーシャルも含めてたった三〇分のテレビ番組の中で、家の大改築や、容姿の大変身、精神の大改造などがたちまちにして起きるものだと信じ込まされてしまう。しかし、こういう「オール・オア・ナッシング」のマインドセットをもって現実の問題に臨むなら、ほぼ確実に失敗につながる。なかなかうまくいかないいら立ちやストレスが脳を支配し、無力感の下降スパイラルが起き、結果として目標は手の届かないところに遠ざかってしまう。

モチベーションセミナーの講師やコーチが何と言うか知らないが、手の届かない高い目標に向かってジャンプをすれば、必ず失敗する。パートIで私は、「可能性の限界を広げる」ということを述べた。それは確かに重要なことだ。とはいえ「たちどころに広げる」と言っているのではない。目標設定理論を専門にする心理学者は「ほどほどに難しいゴール」を設定することを勧める。あまり簡単でがんばる必要もないゴールではなく、かといって途中でやる気をなくしてあきらめてしまうような難しいゴールでもない。

いま直面している試練がとりわけ困難なもので、努力が報われるのがはるか先だという場合には、達成しやすい小さいゴールをいくつか設けるのがよい。そうすれば自信が少しずつできていって、達成を喜びながら進み、最後までやり遂げることができる。ハーバード・ビジネススクールのピーター・ブレグマン教授はこうアドバイスしている。「本を書こうと思うのではなく、一枚一枚のページを書くのだと考えるといい……就任して六カ月間は偉大なマネジャーになろうなどと考えない方がいい。自分にほどよい期待をかけることだ」

最初の円がどんなに小さくても、それはいつか大きな成果につながる。ダニエル・コイルは、著書『タレント・コード』の中で、「小さな問題を見つけて解決する」という戦略がビジネスを繁栄させると述べている。これは少しずつよい方に変化させていくという方法で、日本語の「カイゼン」という言葉で呼ばれることが多い。

たとえば、ゴミ箱の位置を三〇センチ左へ動かす、というような小さい改善を常に行っていくと、生産ラインの効率がだんだんよくなっていく。コイルが指摘しているように、小さな改善点も集まれば毎年一〇〇万を超す。つまり、会社は「カイゼン」というゾロの円を使って、小さな変化を積み上げ、大きな変化につなげるのである。

◎小さく始まった努力が大きく実を結ぶ

以前、ある広告会社のトップコピーライターのコンサルティングをしたことがある。彼女は会社の財政状態が心配でならなかった。どのくらいの顧客業務を獲得できるだろうか、制作部門がどんなデザインを出してくるだろうか、上司はリストラをやるつもりだろうか、とさまざまなことが気になって仕方ない。だがこれらはいずれも、彼女の力が及ぶ範囲外の問題である。そういうことをくよくよ心配するのは、ただ自分のストレスレベルを高くすることにしかならない。そう悟ったとき、彼女はようやく自分の仕事や職場、あるいは人生全般の、コントロール可能な問題に的を絞って考えられるようになった。

私は彼女にも、自分にコントロールできることとできないことを分けて書き出してもらった。誰でもそうなのだが、彼女もそのリストを見て大変驚いた。意外に多くのことがらが、コントロール可能なリストに属していたからだ。彼女は八人の才能豊かなコピーライターからなるチームを率いていて、彼らに指示やアドバイスをする立場である。また制作会議に出席し、各クライアントのためのアイデアをブレインストーミングする会議のリーダーを務めている。経営陣の一人ではないが、クライアントの広告に使われる一語一語は彼女の裁量によって決まっている。

そこで、最初の「ゾロ・サークル」として、私たちは次のようなゴールを定めた。「彼女が自分自身で書くコピーをよりよいものにする」というものだ。この達成可能なゴールにコミットし直すことは、自分がコントロールできることにエネルギーを集中させ、仕事の成果を向上させることになった。するとそれによって、彼女の影響力が広がり始めたのである。彼女の熱のこもった仕事ぶりに鼓舞されて、チーム全体がいい仕事をするようになった。それが伝わって、制作部門でも情熱と創造性が高まった。皮肉なことに、制作部門がどんな作品を出してくるかに関しては、こちらは何もできないと割り切ったことによって、間接的に彼らのデザインにいい影響を与えたことになる。これによって彼女は自信を取り戻し、目標をより高く設定するようになった。やがて彼女のリーダーシップは、会社全体の業績にも大きく貢献したのである。

♡足の踏み場もない部屋、あふれる受信トレイ

膨れ上がった「やることリスト」やメールの「受信トレイ」、あるいは書類の山を見ると、私たちはストレスを感じて「感情のハイジャック」が起きがちだ。机の上に読まなければならない書類が高々と積み上げられていたり、未読メールが三〇〇通もあったりすれば、「コントロール感覚」も消え失せてしまう。

私は大学一年生の指導を担当していたとき、自己管理ができない学生たちにどれだけアドバイスをしたか分からない。彼らは単にだらしないというだけの者から、病的に整理整頓ができないという者までいろいろだった。指導員を始めて二年目、消防署が私に一人の学生の部屋のことで

連絡してきた。テニスの選手でジョーイという名のその学生の部屋が、消防署の点検で引っかかったのである。いつのものとも知れぬピザの空箱、空き瓶、新聞紙が散乱し、本の山が半分崩れかけていて、その部屋が出火元になる懸念だけでなく、緊急の際に彼自身がこの部屋からすみやかに脱出できない可能性があるという（緊急の際どころか、彼は授業にも出てこられなかった）。

少々の散らかりは、「秩序ある混沌」として認められるかもしれないが、ジョーイのだらしなさは、変わっているという域を越えて病的だった。彼は自分の生活をきちんとしたいと思わないではなかったが、この途方もない混乱を何とかすると考えただけで気持ちが萎えてしまうのである。そこで私たちは「ゾロ・サークル」を描くことから始めることにした。

文字通り、円を描いたのである。私は、机の上に書類が積み上げてある小さな一画を見つけ、書類の外側に直径三〇センチほどの円を描いた。「まずここを片づけよう」とジョーイに言って、それぞれの書類を適当な場所にしまわせた。そのあと一気に机全部を片づけるのではなく、彼に「明日一日、このきれいになった一画を防衛するように」と言った。つまり、何があってもこの一画に物を置かないという約束をさせたのである。本人が認めているように、これまでジョーイの生活ぶりではそれさえも難しいことだった。しかし不可能ではなかったようで、翌日彼は自分が守った一画を見てうれしそうだった。

さらにその翌日私たちは、机の別の一画を選んで同じことをした。そして毎日、きれいな部分が少しずつ増えて行った。それに伴って、彼のコントロール感覚は少しずつ増し、このプロジェクトをやり抜こうという気持ちも強くなった。わずか二週間後、部屋は以前の姿を留めぬほどに片づいた。小さな成功の円を作り出し、それを少しずつ外側に広げていくことにより、ジョーイは生活の大きな円の扱い方もマスターすることができた。本人も消防署も、この結果には大いに満足だった。

あふれかえった受信トレイも基本的には散らかった机と同じで、この受信トレイの問題は、現代の多くのビジネスパーソンを悩ませている。どちらの場合も「もの」が、生活全般の機能性を牛耳ってしまい、そのために生産性を損なっていることになる。

あるとき、大手メーカー社員を対象にした講演を行ったあと、バリーという名の上級エグゼクティブに、オフィスに来てくれないかと言われた。部屋にも入らないうちから、彼は乱雑ぶりを謝罪した。確かに彼のオフィスは、幼児がここで紙を撒き散らして「竜巻ごっこ」でもしていたのではないかと思うような状態である。しかしバリーが私に相談したかったのは、部屋の乱雑さよりもっと深刻な問題だった。いま彼の受信トレイには、一四〇〇を超えるメールがたまっているのだという。重要なプロジェクトで手いっぱいだった二カ月の間、受信メールを放置しておいたからだ。そのプロジェクトが終了したので、このたまったメールの処理を始めなければならないと分かっているのだが、考えただけで、恐怖感がこみ上げてくるのだという。

彼が未読メールをスクロールするのを肩越しに眺めながら、私はこれをどうしたものかと考えていた。三分が経過したが、まだ全体の四分の一もスクロールが終わっていない。「この山の下から這い出すなんてとてもできそうにない。いっそコンピュータウイルスに感染して、コンピュータごと破壊されてしまえばいい」と彼は言った。彼のストレスレベルは非常に高く、新しいメールを受信するたびに、彼の身体には反射的なストレス反応が起きていた。メールのことを考えただけで、吐き気が起きるのだという。彼はこの問題に立ち向かうことから逃げているだけでなく、完全に闘志を失い、ほかの仕事も手につかなくなっていた。

私は、彼の力になると約束した。まずは悪化する一方の不安を鎮める必要がある。受信トレイは、サーベルタイガーではない。きちんとした計画と着実な努力によって解決できる問題であって、アドレナリンがもたらすパニックによって解決できるわけではない。この問題を、脳の感情をつかさどる部分から、問題解決をつかさどる部分に移すために、言葉に置き換える作業が必要だと私は考えた。私は彼に、自己認識が「感情のハイジャック」状態を速やかに静めてくれるのだと説明し、ノートを手元に置いて、ストレスを感じたときには思ったことを書きつけるのがいいと勧めた。

それから私たちは、次の円を描いた。二カ月分の未読メールを処理するのは、どんな人にもすぐにできることではない。しかしバリーには目に見える進展が必要だった。私は彼に、とりあえず昨日までのメールは全部無視し、新しくメールが来たらそれをすぐに処理するように言った。三、四日間、新しいメールをきちんと処理すると、ようやくコントロール感覚が戻ってきて、古いメールにも手をつけられるようになった。まずはその日の分プラス一日分のメールを処理することにして、時間をかけて最初のメールにまで戻って行くことにした。私は彼に、一日に一時間以上この作業に割かないようにクギを刺した。時間の制限を設けるのは大事である。少しずつやれば小さな作業も、まとめてやろうとすると膨大な問題となり、出口の見えない気分に落ち込んでしまうからだ。

三週間後、私はバリーからメールを受け取った。「もしすぐに返信してくれたなら、そのメールは、いま私の受信トレイにあるわずか五通のうちの一通になります」と、誇らしげに書かれていた。これには私も本当に驚いた。彼はこのメールに、塵一つ落ちていない彼のオフィスの写真も添付してきた。最初に訪ねたときの「竜巻ごっこ直後」のようだった状態からは想像もできない、整然としたオフィスである。私はすぐに返事を送った。「この写真はオフィス・デポの広告の写真じゃないでしょうね」と書いて、「おめでとう！」と書いた。バリーは、自分の手に負える小さな一歩から歩き始めて、いま大きな成功を手にしたのである。

♡ゾロ・サークルが、犯罪の街ニューヨークで働く

アメリカ南西部出身のゾロは、ニューヨーク市の犯罪と闘うはめにはならなかった。しかし、ゾロを英雄にした「ゾロ・サークル」の教訓は、ニューヨークを安全な街にすることに一役買ったのである。

マルコム・グラッドウェルは、その著書『ティッピング・ポイント』の中で、一九八〇年代、九〇年代にニューヨーク市が、増え続ける犯罪にどのように立ち向かったかを述べている。この時代のニューヨーク市は、手に負えないほど荒れた状態で、いったいどう対処すればいいのか誰にも分からなかった。どれほど予算を投じても、どれほど警察ががんばっても、町の危険度を下げることはできなかった。最終的にこれを解決したのは、市政府の職員グループが取り入れた驚くべき革新的な戦略だった。これは、今ではすっかり有名になった「割れ窓理論」に基づくものである。

この理論は一九八二年に、社会学者のジェームズ・Q・ウィルソンと、ジョージ・ケリングによって考案されたもので、ささいな公共物破損行為がまたたく間に犯罪増加につながるという現象を説明している。放棄された建物の窓が一つ壊されると、他の窓も次々に壊され、落書きがされる。そうなるとその近辺で、強盗や車の盗難が起きるようになるというのである。

市の職員チームは、この理論が逆に働くかどうか試してみようと考えた。彼らはまず、悪名高い地下鉄から始めた。割れた窓を直すことと落書きを消すことに予算と努力を結集し、車両を一台ずつきれいにしていったのである。住民たちは最初、その努力に懐疑的な目を向けた。グラッドウェルはこう書いている。

「地下鉄を利用する人々の多くは、落書きなんかどうでもいい、それよりも犯罪防止や地下鉄の安全性など、もっと重大な問題に対処するべきだと言った。確かにそれはもっともな意見に聞こえた。地下鉄システム全体が危機的状態にあるというときに落書きの心配をするというのは、氷山に激突しかけているタイタニックの甲板を掃除するのと同じくらい、意味のないことに思えたのである」

しかし、それら非難の声にもめげず、職員たちはその計画に固執した。少しずつ路線の範囲を広げて、最終的には市内のすべての電車をきれいにした。そして彼らの「ゾロの円」が拡がるにつれ、結果が出始めた。地下鉄内の犯罪、暴力、武器を使った強盗などの件数が急激に減り始めたのである。さらに円を広げて、地下鉄だけでなく市内全体の落書きを消すことに努力した結果、驚くべきことに、市内全体の犯罪件数も急減した。

〝小さな成功が積み重なれば、大きな成果につながる。それにはまず、砂の上に最初の円を描くことから始めなければならない〟

法則6　二〇秒ルール

——変化へのバリアを最小化して悪い習慣をよい習慣に変える

ウォールストリートの証券アナリスト対象のトレーニングコースを行うようになった初めの頃のことだ。後ろの方に座っていた一人の男性がイライラした様子で立ち上がり、他の参加者の頭越しに、私に向かってどなった。「ハーバードの先生か何か知らんが、こんな研修はまったく時間の無駄だ。ポジティブ心理学なんて、単なる常識にすぎないんじゃないか」

私はとたんに気持ちが落ち込んだ。コンサルティングの仕事を始めて間がなかったために、このように人前で食ってかかられることはこの仕事につきものだということを、まだ理解していなかった。それでも気を取り直して、質問に何とか真正面から答えようとした。まず、ポジティブ心理学はその考え方を、古代ギリシャの哲学、神聖な宗教の伝統、近代の作家や思想家などから得ているが、どれも高い評価をもつ思想であること。それに加えて、法則や理論を実験的にテストして実証しているということ。だから、ポジティブ心理学が支持する考え方のいくつかは、まさに常識かもしれないが、それを独特の価値あるものにしているのは、その背後に科学があることだ、というようなことを説明した。しかし男性はそれでは納得しなかったらしく、フンというような顔をして座った。すべての人を満足させることはできないのだからしかたないと、私は次の質問者の方に移った。

研修のあと受講者たちと一緒にランチのテーブルを囲んでいたときである。一人が私に尋ねた。「講演のときに立ちあがった男を覚えていますか」。私は「よく覚えています」と答えた。もう一人が顔を寄せて言った。「あの男は、この会社で一番不幸な人間ですよ。まるで雨雲が始終頭の上に覆いかぶさっているみたいな男です。あんまり毒を撒き散らすもので、どのチームにも入れられないんです」

この日のできごとは、私にとってターニングポイントになった。私の話したことはどれもみな「常識」で、わざわざ口にするまでもないと彼は言った。しかしそれは彼にとって、まったく常識ではなかったようだ。彼は、人間の行動がいかに逆説的かということを体現して見せてくれたのである。

〝「常識」と普段の行動とは別物である〟

「煙草を吸ってもビタミンCをたくさん摂取することはできない」と言ったら、みなさんは驚くだろうか。あるいは、「リアリティ番組を何時間も見続けても、ＩＱを大幅に上げることはできない」と言ったとしたら？　おそらく別に驚かないだろう。同様に私たちは、運動をすること、一日八時間眠ること、健康的な食品を食べること、人に親切にすることが大事だということを知っている。しかしこういう「常識」があれば、これらのことをするのは簡単だろうか。もちろん簡単ではない。知識をもつことは、人が生きる上で必要なことのごく一部にすぎない。つまり多くの場合、知識は行動を伴わなければ意味がないのである。アリストテレスが言ったように、優れた人間であるためには、ただ優れたことを考えたり感じたりしただけではダメで、優れた行動が伴わなければならない。しかしたいていの場合、知識の通りに行動するというのが一番難しい。だから、誰よりも運動や食事の節制が大事であることを認識しているはずの医者が、その四四パーセントは肥満である。上級管理職が自己管理できていなかったり、宗教団体のトップが罰あたりだったり、ポジティブ心理学者が幸せと限らないのも同じ理由である。

多くのビジネスマンが、「するべきことを先伸ばしするのはやめよう」「禁煙しよう」「受信トレイを空にしよう」「子どもたちともっと時間を過ごそう」と、月曜日ごとに決心するのに、金曜日には、自分は一週間何をしていたのだろう、何がまずかったのだろうと思い悩むことになる。私はそういう人たちを数え切れないほど見てきた。

どれほど常識的な人間であっても、よい習慣を維持するのはなかなか難しい。私も多くの人と同じように、毎年元旦にはたくさんの誓いを立てるのだが、一〇日もたつと、ふだんと同じ生活に戻ってしまう。ニューヨーク・タイムズ紙によれば、「新年の抱負を守れなかった」という人は、全体の八〇パーセントにのぼるという。よい方向への変化を心に決めても、それを長期にわたって維持し続けることは不可能に近い。誓いは果たされることなく終わり、張り切って購入したルームランナーはやがて、脱いだ服をひっかけるラックとなり果てる。現代の科学が立証したように、脳に変化する余地があるのなら、行動を変えることはなぜそれほどまでに難しいのだろうか。どうすればそれがもっと簡単にできるのだろう。

◎私たちは「単なる習慣のかたまり」である

ハーバードの研究所で過ごしていた頃、私の一日は、ウィリアム・ジェームズ・ホールのエレベーターの中の長い時間から始まった。この一五階建ての古いビルは、数十年にわたってハーバードの心理学部門の本拠地だった。ここからは多くの素晴らしい研究が生み出された。有名な「スキナーの箱」の実験、騒々しいボノボモンキーや遺伝子操作されたネズミの研究などもみなここで生まれた。しかし、この建物の名前の由来となったウィリアム・ジェームズの発見は、中でも最も誇るべき遺産である。

弟である作家のヘンリー・ジェームズが、世界的名声を獲得しつつあったその頃、兄のウィリアム・ジェームズもまた、心理学分野での大発見により、歴史の一隅にその名を刻んでいた。一九世紀の後半初めに生まれたジェームズは、医学、哲学、心理学を学び、それらの知識を適用して「人の心の研究」に一生を捧げた。一八七五年、彼はハーバード大学で、初の実験的心理学の授業を行った。一八九〇年には、『心理学の諸原理』を著した。これは一二〇〇ページに及ぶ大作で、近代心理学テキストのさきがけとなった。私は毎年、リーディングの課題が多すぎると愚痴をこぼす学生たちに、「ウィリアム・ジェームズのクラスを取った学生たちがどんなに大変だったか想像してみろ」と言う。

私は、ウィリアム・ジェームズが心理学の分野で成し遂げた最も偉大な研究は、一世紀ほど完全に時代を先取りしていたと思う。ジェームズはこう言った。「人間は、生物学的に習慣が作られやすくできている。朝起きたらまず歯を磨くことから、夜寝る前に目覚ましをかけることまで、日々の行動の多くを自動的にできるのは、我々が『習慣のかたまり』にすぎないからである」

習慣はきわめて自動的に実行されるので、行動や生活そのものを形作る上で習慣が果たす重大な役割について、私たちは改めて考えたりしない。もしも毎日のささいな行為のすべてにまで、意識的な選択を行わなければならないとすると、私たちは朝食を食べる前に疲れ果ててしまうだろう。たとえば今朝のことを考えてみよう。起き上がって洗面所に行き、鏡の中の自分の姿を困惑して眺めながら、「今日は服を着た方がいいだろうか」と考えた人はいないだろう。服を着るべき理由と、着なくていい理由を比較検討する必要はなかったはずだ。意志の力をかき立てて服を着る必要もなかっただろう。ただ何も考えずに服を着て、髪をとかしつけ、コーヒーを飲み、玄関にかぎをかけて出てきたはずだ。露出症でもない限り、服を脱いではいけないことを一日中自分に言い聞かせる必要もない。これらをするのに何の努力もいらず、体力も思考力もそれほど消耗しない。第二の本能みたいなもので、自動的に行われる。これがつまり習慣である。

こんなことは別に、現代の私たちにとって驚くべきことではない。しかし、ウィリアム・ジェームズが導いたこの結論は、人の行動の変化を理解する上で不可欠のものだった。人が「習慣によって行動する」という生来の傾向をもつことを考えれば、よい方向への変化を維持するカギは、望ましい行動を習慣にすることだとジェームズは推論した。習慣にしてしまえば、その行動は自動的に起こり、努力も思考も選択もあまり必要がない。この近代心理学の父は、実に的を射たアドバイスをしている。長続きする変化を生じさせたければ、「神経系を敵に回すことなく、味方につけなければならない」というのである。習慣は金融資本みたいなもので、いましっかり作っておけば、このあと何年も自動的にその配当を手にすることができる。

♡毎日少しずつの努力

「よい行動は習慣にすればいい」ということなのだが、もちろん「言うは易く行うは難し」である。どうやって最初にその習慣を作ればいいのだろうか。ウィリアム・ジェームズは、ちゃんとそれに対する処方箋も残してくれている。彼はそれを「毎日少しずつの努力」と呼んだ。もちろん、これは新事実と呼ぶほどのことではない。昔から「練習が完璧を生む」というような格言もある。しかし彼は、その時点で彼が知るはずがなかった高度な事実に気づいていたのである。彼はこう書いている。「行動の傾向が効果的に定着するかどうかは、どのくらい連続的に数多くその行動が起きて脳がその使用に適応したか、だけに関係する」。つまり習慣が形成されるのは、私たちの脳が頻繁な練習に反応して実際に変化するからだということである。

ジェームズは、この点でまさしく正しかった。だが、彼の理論の根拠が神経科学者たちによって証明されるまでには、それから一〇〇年待たなければならなかった。脳の構造や回路に柔軟性と弾力性があることが発見された過程を、前に説明したのを覚えているだろうか。私たちが、日々新しい事実を学び、新しい仕事をやり遂げ、新たな会話をして暮らしていくうちに、脳はそれらの経験を反映して絶え間なく変化し、神経の回路が新しく作られる。

神経科学における微妙な詳細を大ざっぱに語るのは気が引けるが、簡単に言うとこういうことになる。私たちの脳の中には無数のニューロン（神経細胞）があり、あらゆる方向につながって複雑な神経回路を作っている。これらの回路を通って電流がニューロンからニューロンに流れ、私たちの考えや行動を形作るメッセージが運ばれる。特定の行動を取れば取るほど、対応するニューロン間の通信が増える。よく言われる「同時に発火した神経細胞は結合を強める」という言葉もそういう意味である。この結合が強くなればなるほど、メッセージは回路をすみやかに伝わる。するとその行動は、自動的に自然に行われているように見えるのである。

これは、ある行動を繰り返し練習すると、うまくできるようになる理由でもある。たとえば、生まれて初めてジャグリングをやるとする。この行動に関わる神経回路はいままでまったく使われたことがないので、メッセージはゆっくりとしか伝わらない。しかし何度も何度も練習するうちに、回路は補強されていく。一週間もたてば、はるかに速いスピードで電流が流れるようになる。するとジャグリングはだんだんと容易になってきて、前ほどの集中を必要としなくなり、しかも早くできるようになる。そして最終的には、音楽を聞きながらでも、ガムを噛みながらでも、誰かと話をしながらでも、三つのオレンジを空中に投げ続けることができるようになる。行動は自動的になり習慣となる。神経回路の新しい堅固なネットワークによって、脳にしっかり定着したのである。

ウィリアム・ジェームズは、はるか昔にこの現象を正確に言い当てたのだから、彼が一つだけ間違っていたことは大目に見なければならない。彼もまた、当時の科学者たちの大半が信じていたように、脳に永続的変化を起こすことができるのは若い時に限ると考えていた。「老犬に新しい芸は教えられない」という考え方である。

しかしうれしいことに、これは正しくなかった。この本の初めに書いたように、現在では、二〇歳どころか人生のかなり後期に至っても脳は変化させることも鍛えることもできる、ということが科学的研究によって分かっている。私たちは二二歳であろうが七二歳であろうが、新しい習慣を獲得してその恩恵を受けることができるのである。

♡ギターは弾かなければ鳴らない

初めてこの科学的事実を学んだとき、私はそれを試してみたいと思った。本当に毎日同じことを何週間かやれば、脳の配線が変わって、新しい生活習慣を生じさせることができるだろうか。これはぜひ実験してみなければならない。一番簡単なのは自分自身を被験者とすることだ。

私はギターを再び引っ張り出すことに決めた。楽器はすでに持っていたし、弾くのが嫌いではないからだ。習慣を作るためには二一日間かかると昔から言われているので、私は二一のマスのある計画表を作って壁に張り出した。ちゃんと練習した日は、このマスにチェックする。三週間後には次のようなことが起こるはずだと、私は自信を持っていた。(a) 二一のマスすべてに、チェックがつく、(b) 毎日ギターを弾くことが当たり前になって、生活の一部となる、(c) ギターが上手になる、(d) それによっていい気分になる。

三週間後、私は自己嫌悪を覚えながら計画表を壁から引き剝がした。チェックがついたのは最初の四つのマスだけで、その後は延々と白いマスが続いている。私はこれを見てすっかり失望し、恥じ入った。自分自身の実験に失敗したのである。いつか彼女ができたら、僕はギターを弾くんだと言いたかったのに、それもかなわぬ夢だ。自分がこれほどあっけなく投げ出したことがショックで、落ち込んでしまった。ふだん人にアドバイスしていることが、自分はさっぱりできていない。おまけに、「自分はポジティブ心理学者なのに落ち込んでいる」ということに気がつくと、挫折感はますます深まった。

ギターはクロゼットの中にあって、取り出すのにたった二〇秒しかかからない。しかし、どうしても自分を励ましてそれを取りに行かせることができなかった。いったい何がいけなかったのだろうか。最後にやっと分かったのは「自分に何かをさせる」という考え方が問題だということだった。私は気づかずに「間違った闘い方」をしていたのだ。戦略を変えない限り、敗退する運命にある闘い方だった。

◎なぜ意志力ではうまくいかないのか

タル・ベンシャハーが好んで語るのは、彼が「チョコレートケーキ・ストーリー」と呼ぶ話である。故郷のイスラエルで、彼の母はチョコレートケーキを焼くのが上手と評判だった。ある日の午後、タルが友達と一緒に学校から帰宅したとき、母はオーブンからケーキを取り出して、一切れずつ切り分けてくれた。タルはこれを拒否した。「全国スカッシュ大会」をめざして厳しいトレーニングをしていて、ダイエット中だったからだ。そして、友達がおいしそうなケーキにかぶりつくのをうらやましげに見ていた。やがて彼らは宿題をするために帰って行った。それから数時間後、タルは冷蔵庫のところに行ってケーキを見た。相変わらずおいしそうに見える。しかしダメだ、意志を強く持たなくては。さらに一時間後、また冷蔵庫のところにやってきてケーキをチェックした。よかった、まだある。やがて彼はケーキのことしか考えられなくなってしまった。とうとう夜中にみなが寝静まった頃、タルはこっそり台所に忍んできて、残っていたケーキを一人で全部平らげてしまった。

厳格なダイエットをしたことがある人は誰でも、こういう挫折を経験したことがあるはずだ。自分の気持ちを拒み続けた挙句に、突然もはや耐えられなくなり、堰《せき》が決壊してしまう。五日間、生の人参と豆腐だけで何とか我慢した後、ピザやら何やらを五日間食べ続けてしまう。

ダイエット指導者がみな言うように、意志の力だけに頼って、不健康な食べ物を完全に除外しようとすれば、まず間違いなく逆戻りする。厳格なダイエットをする人が、普通に無理なく健康的な食事をしている人よりも、かえって体重が増えてしまうのはそういう理由だ。また、ダイエットで痩せた人が体重を長く維持できる確率はわずか二〇パーセントだというのも、同じ理由である。「心を強く持つ」ようにがんばればがんばるほど、大きな挫折を味わう。最後にはナッツとチョコ入りアイスクリームをむさぼるように食べるはめになるだろう。

厳格なダイエットであれ、年頭の誓いであれ、毎日ギターを練習する計画であれ、変化を維持するのがそれほど難しい理由は、それを「意志の力」でやろうと考えるからだ。私たちは、アクセルを踏めば、ゼロから時速一〇〇キロまであっという間に出せると考える。身に染みついた習慣を変えたり取り消したりするのに、単に意志の力でできると考える。タルは、自分にダイエット中だと言い聞かせさえすれば、母のチョコレートケーキを無視できると考えた。私は計画表に従うと決心しさえすれば、ギターが習得できると考えた。だが、それが有効だったのはたった四日間だけだ。その後はすでにプログラムされているふだんの暮らしに戻ってしまった。

♡意志力の耐久テスト

意志の力が、変化を維持させるために役に立たない理由は、使えば使うほどくたびれてくるからである。このことは誰でも実感として分かるのだが、著名な心理学者、ロイ・バウマイスターが、何百枚ものチョコチップクッキーと多くの協力者を使って実験を行うまで、それを実際に証明することはできなかった。

意志の力に関する研究はたくさんあるが、これはその一つである。バウマイスターは実験に協力した大学生たちに、実験が始まるまでの三時間、何も食べないようにと指示した。それから、彼らを三つのグループに分けた。第一グループには、チョコチップクッキーを盛った皿とラディッシュを盛った皿を渡し、クッキーは食べてはいけないが、ラディッシュは好きなだけ食べていいと言った。第二グループには同じ二種類の皿を渡し、どちらでも好きなものを食べていいと言った。第三グループには何も渡さなかった。この状況を長時間続けた後、三つのグループに、「単純な」幾何学的パズルを解かせた。この「単純な」というところが心理学お得意のトリックで、実際にはこのパズルは「解決不可能」なのである。

前に話した「お年寄りのための実験」で私がひどい目にあって学んだように、心理学の研究者たちは、こういう解決不可能なゲームを使って、参加者がどのくらい長いことそれに耐えられるかを調べたりするのが大好きだ。このバウマイスターの実験では、第二グループと第三グループの学生たちは、第一グループよりも長く耐えられた。第一グループは、短時間で降参してしまった。なぜかというと、彼らはおいしそうなチョコクッキーの誘惑に打ち勝つことに、意志の力を使い果たしてしまったからである。複雑なパズルと格闘するだけの意志の力も気力も残っていなかったというわけだ。クッキーを我慢することとパズルを続けることは一見何の関わりもないように見えるが、実はそうではない。

この発見は、多くの研究によって再現され、意志の力を消費するように考えられたさまざまな作業が用いられた。たとえばある研究では、実験協力者に非常に愉快な映画を見せ、笑ってはいけないと指示する。その後難しいアナグラム（語句のつづり変え）を解かせる。また別の実験では、協力者たちに、ある肥満体の人の一日を、ステレオタイプの描写を使わずに書き出すように指示する。それからあることがら（たとえば白クマ）について考えてはいけないと言われる。どんな作業の組み合わせにしろ、二つ目の作業は最初の作業に比べて、著しく成果が落ちる。たとえば一〇分間も笑いをこらえた後では、アナグラムを解く忍耐力がなくなっている。ステレオタイプな考えを抑え込んだ後では、白クマのことを考えずにはいられなくなってしまう。

これらの実験のポイントは、どれほど二つの作業が無関係であっても、同じ「燃料」が使われているということだ。「さまざまな種類の自制は、『自制力』という共通の資源を引き出して使っている。これは量が限られていて、すぐに枯渇してしまう」と研究者は書いている。言い方を変えれば、意志の力というのは、使えば使うほど弱まるのである。

悪いことに、私たちは毎日、意志の力を消耗させるようなことをひっきりなしにやらなければならない。会社のランチでデザートを食べないように我慢し、何時間もパソコンの表計算シートを見つめ続け、三時間の会議の間じっと座っていなければならない。私たちの意志の力は、絶えず試練にさらされている。だから、ふだんの生活の中で、古い習慣や一番楽なやり方に簡単に戻ってしまうのは、まったく無理もないのである。一番抵抗の少ない道に引き寄せる目に見えない力は、思う以上に私たちの生活を支配していて、よい変化やポジティブな成長を妨げる大きな障壁となっている。

◎最も抵抗の少ない道

火曜日、キャシーはいつものように仕事に追われながら、次の土曜日に何をしようかと思いを巡らせていた。家の近くのサイクリングコースを走ろうか。近所の公園でやるサッカーに参加しようか。美術館でマティスの展覧会を見ようか。あるいはずっと読みたいと思って積み上げてあった本を読もうか。誰もがそうであるように、キャシーにもいくつか、興味や体力にちょうど合った活動や趣味があって、そういうことをしているときは楽しくて生き生きする。

そして、何でも好きなことができる土曜日がとうとうやってきた。さて彼女は何をしただろうか。自転車には乗らなかった。サッカーもしなかった。誰もが絶賛している展覧会にも、たった二〇分の距離なのに行かなかった。なぜかというと、もっと手近なところにテレビのリモコンがあったからだ。そしてたまたま「ブラボーTV」が「トップ・シェフ」の長時間番組をやっていた。四時間後、キャシーはソファにうずくまって失望感に浸っていた。「この午後にはもっとましなプランがいくつもあったはずなのに。どうしてこうなってしまったんだろう」。

キャシーが経験したことは、誰にでもしばしば起こる。何もしないというのが、一番簡単な選択肢だからである。しかし残念ながら、何もしない時間というのは思ったほど楽しくない。多くのアメリカ人にとって、自由時間を楽しむのは仕事を楽しむより難しい。そんな馬鹿なことがあるかと思うなら、こう考えてみてほしい。ほとんどの仕事は、能力を使い、精神を集中させ、目標を追求しなければならない。そして、こういうことはすべて幸福度に貢献するということが分かっている。もちろんレジャーでも、能力を使い、精神を集中させ、目標を追求することはできる。しかし、それを強要されはしない。ボスが「土曜の朝九時ぴったりに美術館の入り口に集合！」と号令をかけてくれるわけではない。だから行動を起こすのに必要なエネルギーを自分で奮い起こす必要があり、そこが難しい。そこでついつい、最も抵抗の少ない道を選ぶことになり、その道はおのずとソファとテレビに行きつく。また、人は「単なる習慣のかたまり」なので、その道を選んでしまうことが度重なると、違う道を選ぶことはますます困難になる。

テレビを見たり、あちこちのフェイスブックにコメントを書いたり、という「受け身のレジャー」は、サイクリングをしたり、展覧会を見たり、サッカーをしたりするよりもずっと簡単で手軽だが、同じだけの満足感は得られない。調査によれば、受け身のレジャーが楽しくて夢中になれるのは、およそ最初の三〇分にすぎないという。その後はエネルギーを吸い取られるばかりで、心理学者が呼ぶところの「心理的エントロピー」、つまりキャシーが経験したような無気力で無感動な状態が生じる。

一方で、趣味、ゲーム、スポーツなどの「能動的なレジャー」は、集中力やモチベーションを高め、それを楽しみ夢中になる感覚を生じさせる。いくつかの研究によれば、一〇代の若者は、趣味に没頭しているときには、テレビを見ているときの二倍半「楽しいという感覚」を味わっている。またスポーツをしているときには、「楽しいという感覚」は三倍になるという。ところがここに矛盾がある。この同じ若者たちは、スポーツや趣味を楽しむ時間の四倍も長い時間テレビを見ている。いったいどうしてなのか。心理学者のミハイ・チクセントミハイは、こんなうまい言い方をした。「よい気分にさせてくれる可能性が半分もないものに、人はなぜ四倍もの時間を費やすのだろうか」

その答えは、人は簡単で、手軽で、習慣となっているものに、まるでそれらに強力な磁力があるかのように引きつけられてしまうからである。その惰性を打ち破るのは、信じられないほどに難しい。もちろん「能動的なレジャー」は、テレビを見るより楽しい、しかしそれをするには、スタート時の努力が求められる。ガレージから自転車を引き出すとか、美術館まで出かけていくとか、ギターを調弦するとかしなければならない。チクセントミハイはこれを「活性化エネルギー」と呼ぶ。活性化エネルギーというのは物理学用語で、反応を起こすために最初に必要なエネルギーのことだ。惰性を打ち破ってポジティブな習慣を開始するためには、身体も精神もこういうエネルギーを必要とする。このエネルギーを使わない限り、一番抵抗の少ない道を何度でも選んでしまうのが、人間の本質である。

♡拒否できないサービス

広告やマーケティングをやっている人たちは、人が陥りがちな「一番抵抗が少ない道」で生計を立てていると言える。みなさんはエコポイント付きの商品を買ったことがあるだろうか。そのとき、実際にクーポンを返送しただろうか。たぶんしなかっただろうと思う。だからこそ企業はこれを提供するのである。

雑誌が「最初の五週間は購読料無料」というサービスを提供するのも同じである。五週間は無料でも、六週目からは自動的に銀行口座から料金が引き落とされる。もちろん、それを拒否するのは自由だ。雑誌についてきた「定期購読をキャンセルします」という小さなカードを返送しさえすればいい。しかしやっかいなことに、それをするには「活性化エネルギー」が必要になる。だから雑誌社にとって、この方法はもうかるのである。

マーケティングの世界では、これを「オプト・アウト」（撤退の選択）と言う。人間心理を利用した実にうまい発明である。私たちは、意識して同意したわけでもないのにメーリングリストに加えられ、大量の宣伝メールが送られてくる。受け取りたくなければ、自分から何らかの行動を起こしてそれを止めなければならない。これがオプト・アウト・マーケティングである。購読を止めるためには、メールの一番下に出ている小さなリンクを見つけ、いくつかのサイトを経由して最後にやっと必要なページにたどりつくようになっている。この手続きにエネルギーと努力が必要なようにしておいて、消費者はそんな面倒なことをするよりも、カネを払い続ける方を選ぶだろうというところに、会社は賭けているのである。そしてほとんどの場合はこの賭けに勝っている。

マーティン・リンドストロムは、マーケティングのエキスパートであり、神経科学を用いて、消費者行動の心理を研究している。彼は、この手の戦略で一番利益を得ているのは電話会社だという。買ったときの携帯電話に設定されているプランより有利なプランは必ずある。しかし消費者はたいていその初期設定のプランを使い続ける。もっと有利なプランを探すのが厄介なのと、プランを変更するのが面倒なようにしてあるからだ。

リンドストロムが行った研究で特に優れているのは、ノキア社の携帯の着信音に関するものである。この着信音の四つの音はおそらく世界で一番よく耳にするものだろう。彼はこの研究で、人がどれほど抵抗の少ない道を選ぶかを示した。この着信音を実験協力者に聞かせ、ｆＭＲＩを使ってそのときの脳の動きを調べたところ、ほとんどの人が否定的な反応を示した。それなのに、ノキアの携帯の八〇〇〇万のユーザーは、これを着信音として使っている。聞くたびに気持ちが落ち込むような耳障りな音を、人はなぜ使い続けるのだろうか。それはこれが「初期設定」だからである。私たちが気づいているかいないかに関わらず、「初期設定」というのは生活のあらゆる分野にあり、私たちの選択と行動を形づくっている。

マーケットで、買い物客は目の高さにある商品を買う傾向がある。顔を上げたり、しゃがんだりしなければ見えないものはあまり買わない。だから店は、一番値段の高いブランドの商品を目の高さに並べる。オンラインの広告業者たちは、最近では視線を追跡する最新の装置を使って、マーケット調査をしている。ウェブサイトのどこにバナー広告を出せば消費者の目にとまりやすいかを突き止めるためだ。そこは、人が余分なエネルギーを使わずに見られる場所である。

衣料品店でも同じだ。人が「初期設定」に弱いことを利用するようにすべてが仕組まれている。リンドストロムによれば、客は服に触って感触を確かめると、その服を買う傾向があるのだそうだ。だから一番高い服は、客が触りやすい場所に置かれている。次に店に行ったときに確かめてみよう。手を両脇に下げると、服を並べる台の高さが手の指先とぴったり同じ高さになっていることが分かる。「ちょっと触ってみて」と服が呼び掛けているのである。

だが職場においては、「最も抵抗が少ない道」はとりわけ問題である。するべきことを後回しにしたり、仕事をだらだらやったりという悪い習慣に人々を誘い込む。コンサルティングをしていると、こういう問題にはよく出あう。中でもこの問題の重大さがよく分かったのは、香港へ行ったときだった。

♡仕事に集中できないわけ

私は、香港のある大手のハイテク企業で、企業研修を行っていた。香港は非常に活気に満ちた街で、ニューヨークのタイムズスクエアがおっとりした田舎町に感じられるほどだ。研修二日目に、マーケティングチームのリーダーのテッドから、個別に相談に乗ってほしいと言われた。山のような仕事をこなすのに四苦八苦していて、どれほどがんばって働いても間に合わず、残業ばかりしているのだという。「いまは仕事以外何もしていません。それでも時間が足りない」とテッドは言った。

私は彼に、「そういう人はたくさんいますよ」と言った。いろいろな国で、これと一字一句同じ訴えを何度聞いたことだろう。職種にかかわりなく、誰もがいつも時間が足りないのである。八時間の就業時間は、一二時間になり、一四時間になる。それでも仕事は遅れてしまう。どうしてこういうことになるのだろうか。仕事の能率を上げるのは、それほど難しいのだろうか。私はテッドが一日をどう過ごしているか説明するのを、じっくり聞いた。それを聞いて分かったのは、次の二つのことだった。

（1）テッドは、ずっと働きづめである。（2）テッドは、ほとんど働いていない。

テッドは七時に出社する。最初にすることは、インターネットのブラウザを開くことである。彼のホームページはCNNになっているので、まずニュース速報を見る。大きな見出しだけさっと目を通して次へ進むことにしているのだが、つい他のリンクにも目がいって、クリックして読んでしまう。それからほぼ自動的に、あと二つのウェブサイトを開ける。株と投資の状況が、夜のうちにどうなったかを見るのである。

次にメールをチェックする。このページは開けたままにしておくので、新しいメッセージが来るたびに受信音が鳴る。受信メールを読み始めると、そのリンクや添付ファイルを開けて見ることになる。いくつかのメールに急いで返信する。それからやっと仕事にかかることができる。結局、コーヒー休憩の前に仕事らしい仕事ができたのはたった三〇分だった。休憩の後、再びパソコンの前に座る。すると、ホームページに現れた新しい見出しがいくつか目に入る。新しい受信メールも一〇通ほど来ている。これも読まなければならない。それからもう一度株をチェックする。金融危機が始まっていたりすると大変だからだ。そしてようやく、新しい市場プランを書く仕事に取りかかる。しかし一〇分後、新しいメールが届いて集中が途切れる。カート・ヴォネガット風に言うなら「そして、それが繰り返された……」。

みなさんも、身につまされる感じがしないだろうか。テッドは一時間のうちに、およそ三回は株価をチェックし、メールを五回チェックし、ニュースのウェブサイトを一回は読んでいる。そして多くの人がだいたいこんな感じである。米国経営者協会（ＡＭＡ）の調査では、社員は平均して一日のうち一〇七分をメールに費やしていると報告している。私が会ったロンドンの会社員たちは、一時間に四、五回は株価をチェックすると言った。つまり一日に三五回である。一般的な会社員がブログ、ソーシャルネットワーキング、アマゾンなどを見る時間をすべて集計したら、かなり憂慮すべき状況に違いないと私は思っている。仕事がちっともはかどらなくても、何の不思議もないのだ！

おまけに、これらの「仕事の妨げ」に費やされる時間そのものだけが問題なのではない。ほかのことをするたびに仕事の集中が途切れることが、もっと重大である。調査によると、平均的な社員は、一一分ごとに仕事が妨げられているという。そのたびに集中と仕事の流れが失われ、それを取り戻すのにさらに時間が必要になる。

現代社会では、簡単に気を散らすことができる。ニューヨーク・タイムズ紙は、こう書いた。
「かつて仕事の息抜きは、鉛筆を何本か削ったり、煙草に火をつけたりするくらいのことだった。しかし今では、気晴らしの方法はいくらでもあり、机に向かったままで買い物もできるし、音楽を聞いたり映像を見たりすることもできる。仕事に集中することはかつてないほど困難になってきている」

私はテッドと一緒に、気が散る状況をできるだけ少なくする方法を考えた。私はこのとき、ある直感を持っていた。単に気が散る回数やその時間が問題なのではない。それが「ごく簡単に」できることが問題なのである。たとえば株価をチェックしたいとき、株の銘柄がアルファベット順に流れてくるのをじっと画面を見つめて待っていなければならないかといえば、もちろんそんなことはない。興味のある銘柄の最新情報が常に更新されるようにウェブサイトを設定しておけば、いつでもすぐに見られる。

最新の政治ニュースや、評判になっている映画のレビューが読みたいときに、何十ものサイトやブログを探し回らなければならないだろうか。そんなことはない。お気に入りのブログのトピックスをメールに送ってくるようにRSSをセットしておけばいい。お気に入りのスポーツニュース、有名人のゴシップ、レストランの批評なども、メールで送ってくるようにできる。テクノロジーは確かに時間を節約してくれるが、また同時に、私たちは簡単に時間を無駄にすることができるようになったのである。クリックひとつで気を散らすものが手に入るために、それが「最も抵抗の少ない道」になってしまったからである。

◎道を変更する――二〇秒ルール

テッドはこれらの「最も抵抗の少ない道」に流され、一連の悪習慣に陥っていた。だから仕事がちっともはかどらなかったのである。そのことに気がついて、私は考えた。テッドの生産性を妨げているこの心理メカニズムは、私がギターの練習をやり遂げられなかった理由に通じるものだろうか。私もまた、この「最も抵抗の少ない道」に流されたために、計画が頓挫してしまったのだろうか。

私はそのときの状況をよく思い返してみた。ギターはクロゼットの中にしまってあった。いつも座る場所からは目に入らないし、手も届かない。もちろん狭いアパートなので、別に遠いところにあるわけではない。しかし、クロゼットまで歩いて行ってギターを取り出すのにかかる「二〇秒間の特別な努力」が、大きな抑止力になっていた。私はこのバリアを意志の力で乗り越えようとした。しかしたった四日後、意志の力は使い果たされてしまった。習慣を根づかせるのに必要な期間、意志の力が持たないのであれば、その行動を起こすための「活性化エネルギー」の量を減らすことはできないだろうか、と私は考えた。

これはもう一度実験をしてみなければならない。私はクロゼットから再びギターを取り出し、二ドル投資してギタースタンドを買ってきた。そしてギターを今度はリビングの真ん中に置いた。以前はギターを手にするのに二〇秒かかったが、いまは瞬間的に手に取ることができる。これ以外には、前のときと何一つ変えていない。それでも三週間後、私は二一個のチェックがついた計画表を誇らしげに手にしていた。

ここで私がやったことは単に、「望ましい」行動を、「最も抵抗の少ない道」にしたことだ。ギターの練習を避けるよりも、ギターを取り上げて練習する方が、エネルギーも努力も少なかったのである。私はこれを「二〇秒ルール」と呼ぶ。変化のための障壁をわずか二〇秒下げただけで、新しい生活習慣を作ることができた。実際には、二〇秒よりももっと大きな違いが必要なこともあるし、もっと少なくてもすむこともある。しかしこの戦略そのものは、あらゆる場面に応用が利く。取り入れたいと思う習慣の「活性化エネルギー」を下げ、避けたいと思う習慣の「活性化エネルギー」を上げればいいのである。望ましい行動の「活性化エネルギー」をできるだけ下げるか、なくしてしまえば、よい方向の変化をスタートさせることができる。

♡セイレーンの美声とかき氷

これは特に新しいアイデアではないが、きわめて有効な方法である。ホメロスの「オデュッセイア」の映画を見た人は、オデュッセウスが危険なセイレーンがいる海を航行するシーンを覚えているだろうか。美しいセイレーンたちの魅惑的な声を聞くと、どんな男も迷わされ、死の淵へ誘われるという。オデッセウスは、自分がその歌声の誘惑には勝てないと知っていたので、船乗りたちに命じて自分の身体を船のマストに縛りつけさせ、その海域を無事に通り過ぎた。意志の力があてにならないことを知っていたので、大きな「活性化エネルギー」を作り出して、誘惑されにくくしたのである。

二〇〇〇年後の現代にも、少々状況は違うが似たような話がある。映画「お買いもの中毒な私！」の主人公は、クレジットカードを氷の中に閉じ込めて、衝動買いから物理的に自分を遠ざけようとした。馬鹿げているように聞こえるが、クレジットカードを取り出すためには、氷をドライヤーで解かしたり、のみで削ったりしなければならない。その余分な一〇分間が、彼女の買い物中毒にブレーキをかけるのに十分なのだ。もちろんこれはハリウッド映画ならではの誇張だが、現実の世界でも、財政アドバイザーは、バーゲンセールの「セイレーンの歌」に逆らえない人たちに、クレジットカードを家の机の引き出しにしまって、簡単に取り出せないようにしておくようにとアドバイスしている。

幸い、私は買い物にハマったことはないが、テレビを見すぎるということは以前にあった。グーグルでさっとサーチしてみたところ、平均的なアメリカ人は、一日に五時間から七時間テレビを見るという。私はその頃、一日に三時間テレビを見ていて、仕事の生産性も上がらず、友人たちと過ごす時間も少なくなっていた。テレビを見る時間を減らしたいとは思っていたが、授業から疲れて戻ったときには、ソファに座ってリモコンの電源ボタンを押すのが、なんといっても一番楽だった。

そこで私は、もう一つ自分を対象にした実験をやってみようと思った。ギターの練習をしようとしたときにその妨げになった脳の働きを、逆に利用してみようと考えたのである。まず、テレビのリモコンから電池を抜き取った。それからストップウォッチを使って、ソファから歩いてちょうど二〇秒かかる場所を探し、電池をベッドルームの引き出しの中にしまった。だが、こんなことでテレビ中毒が治るのだろうか。

その後の二、三日間、仕事から帰ると私はソファに座り、リモコンのボタンを何度も押した。電池を取り外したことを忘れているのである。それからイライラして「まったくこんな実験をするんじゃなかった」と思う。しかし、わざわざベッドルームまで行って電池を取ってくるのは面倒でその気力もなく、テレビのところに行って手動で電源を入れることすら面倒だった。そのうち、わざとソファに置いておいた本に手を伸ばしたり、目の前にあるギターを弾いたり、手近なところに置いておいたノートパソコン（原稿はこれで書いていた）を取り上げるようになった。日がたつにつれ、テレビを見たいという衝動はだんだん静まり、新しい行動が習慣になっていった。やがて、電池を取りに行くエネルギーよりはるかに大きい「活性化エネルギー」を要する行動もするようになった。いままでテレビを見ていた時間に、バスケットボールをしに出かけたり、友人を誘って食事に行ったりし始めたのである。以前よりもずっと活力を感じるし、仕事もはかどり、気分がいい。

〝私は一日に二〇秒を加えることによって、三時間を取り戻した〟

健康的な食習慣を身につけたいと思う人にとっても、この「二〇秒ルール」は非常に役に立つ。

ある研究によれば、カフェテリアのアイスクリーム容器に単にふたをしておくだけで、消費が半分に減るという。また、ポテトチップやキャンディを買おうとする人に、別の専用の列に並ばなければならないと言うと、かなりの人が買うのをやめるという。つまり不健康な食品は、それを手に入れるのに努力が必要であればあるほど、食べなくなる。またその逆もしかりである。だから栄養学者は、健康的なおやつが冷蔵庫から手軽に取り出せるように、あらかじめ準備しておくことを勧める。また、不健康なスナックを食べるなら、まず少量取り出し、残りをすぐ手の届かないところに片づけてしまうことを勧めている。

ブライアン・ワンシンクは、著書『そのひとクチがブタのもと』の中で、一人の友人の例を挙げている。その友人は、毎日仕事帰りにセブン‐イレブンに寄ってかき氷を買う習慣があり、止められない。彼はセブン‐イレブンの駐車場に乗り入れる衝動をどうしても抑えられないと分かったので、その道を避けて遠回りして帰ることにした。かき氷であれ、連続ドラマの再放送であれ、仕事中の気晴らしであれ、悪習慣に打ち勝つ最強の武器は、誘惑に負けにくい状況を作り出すことである。

悪い習慣に手を出しにくくするための、クリエイティブなうまい方法もいろいろ考えられている。たとえば最近では、カジノへの入場やもうけたカネの受け取りを法律で禁じるように、ギャンブル依存症の人たちが自ら申請できる州が増えてきている。携帯電話サービスの会社は、酔った勢いで電話をかけることを防ぐために、週末の一定の時間以降の電話が緊急番号以外かからないようにするサービスを提供している。グーグルのGメールは、同様のオプションサービスを提供しているが、これはちょっと愉快でしかも効果的である。夜遅くにメールを送ろうとすると、算数の問題がいくつか出てきて、これを解かなければ送信できない。これによって、酔っぱらった部下が上司にスペルミスだらけのメールを送ってうっぷんをぶちまけるのを防げるという。

国民のために「二〇秒ルール」を利用する方法を見出した国もある。世論調査によれば、多くの人々は死後に臓器を提供したいと思っている。だがそのためには、正式な書類を記入するなど面倒な手続きが必要なので、気持ちをくじかれてしまう。そこで国によっては、「オプト・アウト・プログラム」つまり、何もしなければ自動的に提供者として登録されるという制度を導入している。もちろん誰でも登録を取り消すことは自由だ。しかし、登録されている状況が「初期設定」である場合、ほとんどの人がそのままにしておく。これは非常に効果的で、スペインはこの方式に切り替えてから、提供される臓器の数がただちに倍増したという。

私はこの「二〇秒ルール」を発見する前には、四六時中職場で机に向かっているにもかかわらず、ほとんど仕事ができない香港のテッドのような人を、どうやって助けてあげていいか分からなかった。だが、仕事に集中することがなぜ難しいのかが分かったので、「二〇秒ルール」を使って、仕事中に気の散る原因を「最も抵抗の少ない道」でなくしてみようと考えた。

♡時間を増やすことで時間を節約する

最初のステップは、みなさんの直感には反するかもしれない。そもそも「時間を節約して仕事の効率を上げる」ために考えられた便利なツールを、使えないようにしてしまおうというのだから。たとえばテッドに、仕事中はメールのページを閉じるように勧めた。これで、新しいメールを受信するたびに耳障りな通知音に邪魔されることもない。メールをチェックしたいときは、プログラムを開けてメールがロードされてくるのを待たなければならない。しかし、不本意に邪魔されることはなくなったとはいえ、メールをチェックするのは、アウトルックのアイコンをカチッとクリックすればいいのだから、それでも簡単すぎる。しょっちゅうメールをチェックするのを防ぐには、それをもっと面倒にしなくてはならない。

私はテッドのパソコンから、自動的なログインのために記憶されているパスワードを消してしまった。またデスクトップのショートカットを削除し、アプリケーションのアイコンを空のフォルダの中に隠した。そしてそのフォルダをさらに別の空のフォルダにしまい、それをまた別の空のフォルダにしまった。言ってみれば、電子バージョンの「マトリョーシカ（ロシアの入れ子人形）」を作ったのである。彼はある日オフィスで、冗談半分本気半分でこう言った。「近頃はメールチェックをするのが面倒でね、悩みの種ですよ」

「そうですか。それは希望が持てる」と私は答えた。

テッドの気が散るほかの原因についても、私は同じことをした。株式市況が簡単に見られる設定をやめ、インターネットのホームページを、CNNではなくただの検索ページにした。またクッキーを使えなくして、彼がいつもチェックする株式市況やウェブサイトを記憶できないようにした。クリックしなければならない回数が増えるほど、またウェブのブラウザに打ち込まなければならないアドレスが増えるほど、仕事をさぼることは面倒になり、そのまま仕事を続けてしまうことが多くなった。

私は、それでも彼には完全な行動の自由があると告げた。本当にやりたいと思えば、何でもすることができる。「オプト・アウト・プログラム」と同じように、選択肢は依然として彼の手の中にある。変わったのは「初期設定」である。いまは注意を散らすためではなく生産性を上げるために、すべての設定がなされている。

最初の日、テッドは懐疑的だったばかりでなく、私に少々不快感を持っていたと思う。ただでさえ忙しくてたまらないのに、ますます面倒なことを強要されると感じたのである。テッドばかりではない。こういうことをすると、どんなエグゼクティブも同じ反応を示す。「俺のクッキーを使えなくするなんて、いったい何様のつもりだ！」というわけである（そもそも私は、「クッキー」がどういうものなのかよく知らない）。しかし数日たって、短い時間にどれほど仕事がはかどるようになったかが分かると、彼らの気持ちは変わる。

♡トレーニングウェアで寝る

「二〇秒ルール」が役に立つのは、何かの行動に要する時間を増やしてその行動を抑制するという面だけではない。選択肢を制限することによって、よい変化を起こす上での障壁を低くすることにも役立つ。

ロイ・バウマイスターの意志力の研究を覚えているだろうか。彼は、意志の力というのは有限な資源であって、使いすぎれば弱ってしまうということを実証した。この同じ研究者たちはまた、選択肢が多い場合にも、意志の力が使われるということを発見した。人は選択肢を多く与えられるほど、身体的スタミナ、計算能力、失敗してもやり続ける根気、全体的な集中力などが急激に低下するのだという。しかもそれらの選択は、「ソフィーの選択」(ナチスから二人の子どもの一人を殺すので選べと迫られる)のように難しいものではない。「チョコレート味か、バニラ味か」程度の選択だ。そんな無害な選択でも、私たちのエネルギーは少しずつ奪い取られ、よい習慣を続けることができないほどに枯渇してしまう。

私が生活習慣にしたいと思っていることの一つに、朝の運動がある。朝運動をすると、認知能力が高くなり、脳にポジティブ感情の「カスケード効果(影響が次々に波及すること)」がもたらされるということを、多くの研究結果が示しているからだ。しかし、そういう知識があることと実行することは別物である。毎朝目が覚めると、「本当に自分は運動をしたいのだろうか」と考え、脳が「いや、それほどでも」と答えるのである。

早朝に運動をする決心をしたことがある人は、いろいろな選択肢を考えているうちに、簡単に頓挫してしまったという経験があると思う。目覚まし時計が鳴ると、「スヌーズのボタンを押そうか。それとも起きてしまおうか」と考える。「運動するには何を着ればいいだろう」「ジョギングをしようか、それともジムへ行こうか」「近所のジムは混んでるかな。空いてる方のジムはちょっと遠いし」「どんな有酸素運動をするべきか」「ウェイトリフトをした方がいいかな」「キックボクシングのクラスへ行こうか、それともヨガのクラスか」こんなふうにいろいろ選択肢を考えている間に疲れてきて、また眠りに落ちてしまう。少なくとも私はそうだった。そこで私は、ジムへ行くための選択肢を狭めることにした。

寝る前に、翌朝どこで運動をするか、体のどの部分を鍛えるかを決めて書き出しておく。それからスニーカーをベッドの脇に置く。そして最も重要なことは、トレーニングウェアを着たままで眠ることだった（もちろん寝るときは清潔なウェアを着る）。

つまりこうして「活性化エネルギー」をできるだけ減らすのである。朝目を覚ましたときには、ベッドから転がり出て、足を靴に突っ込み（ソックスは履いて寝ている）、ドアから外に出さえすればいい。起きぬけの頭に難しすぎる判断は、すでに前の晩にすべて済んでいる。これは実にうまくいった。選択肢を減らし「活性化エネルギー」を減らすことによって、朝早く起きてジムへ行くことを「初期設定」としたのである。その結果、私は朝の運動というポジティブな習慣を、生活に定着させることができた。いまはもう、トレーニングウェアを着て眠る必要はない。

その後、運動選手からも普通の人からも、スニーカーを履いた瞬間に、脳の中で不思議な現象が起こるということを聞いた。結んだ紐をほどいて靴を脱ぐよりも、トレーニングに行く方が簡単だと考えるようになるというのである。実際には運動するよりも、紐をほどく方が簡単なのだが、習慣になり始めると、脳が自然とその行動をさせるようになる。つまりそれが「最も抵抗の少ない道」になるのである。

これは運動に限らない。仕事上で何かポジティブな変化を起こしたいと思っていることはないだろうか。その場合、「スニーカーを履く」にあたる行動は何だろう。ポジティブな習慣は、それを始めるのに必要な当初のエネルギーが少ないほど、根づく可能性がある。

♡習慣を身につけるためのルール

仕事上でも生活上でも、よい習慣をつけようとするときに選択肢を減らすコツは、いくつか簡単なルールを作ってそれを守ることである。心理学者はこれを「二次的な決断」と呼ぶ。なぜかというと、簡単に言えば「いつ決めるかを決める」ことだからだ。たとえば、朝の運動をいつどこでどのようにするかを、「前の晩に決める」と決めるのである。

もちろんこのテクニックは、どのマシンでトレーニングをするかを決めるためだけのものではない。バリー・シュワルツは、彼の名著『なぜ選ぶたびに後悔するのか』の中でこう説明している。「前もってルールを決めておくことにより、我々は意志の力を弱めさせる絶え間ない選択から解放され、それは生活に大きな違いを生み出す」

たとえば、「二杯以上飲んだら、車を運転しない」というルールを作っておけば、飲むたびに「自分は運転に適さないくらいに酔っぱらっているか否か」という判定を下さなければならないストレスと不安を除去することができる。

仕事においても、選択肢を減らすようなルールを作っておくと、非常に有効である。メールチェックは一時間に一回だけ、コーヒーブレイクは午前中に一回だけと決めておく。こうすると瞬間的な誘惑に負けにくくなり、ルールを習慣にしやすくなる。そして、その「初期設定」をそのまま維持できる。

自分の行動を変えることに挑む場合は、特に最初の数日間、このルールが有効に働く。初めのうちは決めた道から迷い出やすいからだ。望ましい行動がだんだんと習慣になれば、もう少し柔軟性を持たせることができる。経験を積んだシェフは、「私は絶対にレシピ通りにしか作らない」などとは言わない。素晴らしい料理は、キッチンでのクリエイティブな実験を通して生まれることが多い。しかし私のような初心者が料理を作るとしたら、ルールに従うことが絶対に必要である。レシピにこだわらず好きなようにやったりしたら、とんでもないことになる。

以前、ジョセフという名の営業部門のトップにコンサルティングをしたことがある。彼もまた、私が料理をするのにレシピがいるのと同じ理由で、仕事上のルールを必要としていた。彼は非常に控えめで実直で、身なりも物腰も一七世紀のニューイングランドの説教師を思い起こさせる。しかしそれは見かけだけのことで、彼はチームにポジティブな態度を広めて、ぜひとも「幸福優位性」を活用したいと考えていた。ただ、陽気にふるまったり、部下を大っぴらに励ましたりするようなことは、どうも苦手だった。毎朝「今日こそはもっとポジティブに」と思うのだが、結局は初期設定のいつものモードに戻ってしまう。

チームミーティングの間も、ポジティブなやり取りを心がけようとするのだが、いろいろ迷ってどうしていいか分からなくなる。「部下を元気づけるためにどんなことを言おうか、誰に向かって言うべきか。いつそれを口にすべきか。果たしてどのくらい褒めたらいいものか」

こうして迷っていると、どうしていいか分からなくなり、結局何も言わずに会議が終わってしまう。そしてまた機会を逃してしまったと嘆くことになるのだという。こういう判断をするのは、彼にとって「活性化エネルギー」が多すぎるのである。もっと簡単にするには、いくつかルールを作る必要がある。

たとえば第一のルールは、毎日会議室のドアを開ける前に、褒めたいと思う部下を誰か一人頭に思い浮かべる。第二のルールは、ミーティングが始まると機会を逸してしまうので、始まる前にその部下を褒める。褒めるのは簡単な言葉でよい。そのあとは予定通りに会議を進める。他の選択肢のことは考える必要がない。

一カ月後、同じ会社で再び研修があり、ジョセフに廊下で出会った。活気にあふれたという感じではないけれど、以前よりも明らかに元気そうで温かみのある感じだった。「ルールを決めたおかげで、目標に向けた努力が楽にできるようになった。職場のポジティブ度が上がって効果が出ている」と言った。新しい習慣を始めて二週間、彼はすでに自分のゴールを達成したが、いまではミーティングの途中に、他の人にもポジティブなコメントを言いたくなるという。新しい習慣が根づいたという確信が持てれば、ルールは好きなように変えてかまわない。

♡まずは、靴を履くこと

本書には、「幸福優位性」を活用するための方法が盛りだくさんに紹介されている。しかしこれらの戦略は実際に行動に移さない限り、何の役にも立たない。高価な道具をガラスケースの中に鍵を掛けてしまっておくようなものだ。「幸福優位性」を利用して、ポジティブな変化を生じさせ、持続させるカギは、不断の努力や、ありったけの意志の力でがんばるのではなく、すぐに効果が出るような習慣を作り出すことである。そしてそのためには、その行動が脳の神経回路に組み込まれるまで、同じ行動を決まったやり方で繰り返すようにすればいい。

その行動を毎日繰り返すコツは、その望ましい行動をできる限り「最も抵抗の少ない道」に置くことである。そのためには、何が「活性化エネルギー」(それをするために必要な時間や選択肢や心身の努力）なのかを見きわめて、それを減らす必要がある。成功をもたらす習慣を始めるための「活性化エネルギー」を、一回当たりたとえ二〇秒でも減らすことができれば、その効果はすぐにも表れる。

最初のステップは、たとえて言えば（あるいは文字通り）「靴を履くこと」である。

法則7　ソーシャルへの投資

――周囲からの支えを唯一最高の資産とする

私はまだ一八歳だった。燃えさかる建物の中で方向を失い、一寸先も見えなかった。炎の中を手探りで進みながら、こんな仕事を買って出なきゃよかったと思った。

高校三年生だった私は、テキサスの故郷の町ウェーコで、ボランティアの消防隊に志願したのである。九〇時間の訓練の終わりに、「火の迷路」と呼ばれる最後のテストがあり、新参消防士は初めて、大規模な本物の炎の中に入らされる。私たちはずっしり重い防火服を身につけ、さらに重い酸素ボンベを背負い、恐怖に身をすくませながら、「スモークタンク」と呼ばれるサイロに連れて行かれた。消防士が金属のドアを開けると、広大な部屋の中は巧妙にできた木製の迷路である。壁は三メートルほどの高さがあり、床には古タイヤとか木片などの燃えやすいものが散らばっている。中を覗いた私たちがまだ様子も十分に把握できないうちに、ベテランの消防士たちがトーチで木片に火をつけた。迷路全体がみるみる火に包まれていく。

テキサスの太陽が容赦なく照りつけ、外気温でさえすでに三八度近くになっていた。それでもこの灼熱の炉の中に比べれば涼しいものだ。マスクを取り上げると、それは真っ黒にペンキで塗られていた。「本物の火事の中では、どれくらいお互いが見えにくいかを体験させるためだ」と教官が言う。私は勢いを増す目の前の炎を見つめた。この「偽物の」火事も、私たちにとっては十分に本物だ。マスクをかぶると周囲もろくに見えない。

ゴウゴウという炎の音に対抗するように、教官は大声で叫んだ。

「いいか、迷路の真ん中に、動けなくなった人の代わりに人形が置いてある。目標は、そいつをできるだけ早く救い出すこと。本物の火事で、勝手の分からない建物の中に入ると、簡単に方角を失って、自分がどこにいるか分からなくなる。そうならないために、壁から絶対に手を離すな。

二人一組になって手をつないで建物の中に入る。一人が壁を触り、もう一人が床を探って人形を捜すんだ。

この作業は一人ではまず不可能だ。だがパートナーがいれば難しいことではない」

消防士は「せいぜい七分から一〇分もあれば終わる任務だが、万が一に備えて酸素ボンベには一時間分の酸素が入っている。酸素がなくなる五分前に警告のベルが鳴る。安全に撤退するのに十分な時間だ」と言った。最後に消防士は、念を押すように「人間の命綱」、つまりパートナーのことを口にした。「火事の中で慌てると、本能的に手を離してしまいたくなる。しかし手をつないでいることが生きて戻るための一番の道だ」

消防士が勢いよくドアを開けた。私たちは身をかがめて、たけりくるう炎の中に頭から飛び込んで行った。私は酸素を吸おうとハアハア息をした。私の袖口をつかんでいる相棒も同じように荒い息をしている。私たちは煙の中を、手探りしながらおそるおそる進んで行った。相棒が壁を触りながら一歩先を進み、私は彼と手をつないで歩きながら、他方の手で床を探った。迷路に入ってから一〇分ほどは、特に問題はなかった。何も見えないのと、暑さで気を失いそうだっただけだ。しかし、床に倒れているはずの人形は一向に見つからない。

突然、警報が鳴り響いた。炎と煙に巻かれて何も見えないまま、膝で這いずっていた私は、いったい何が起きたのだろうと思った。相棒の酸素ボンベの警報がなぜ鳴るのだろう。まだ酸素は四五分ぶん残っているはずだ。しかしベルが鳴るということは、あと五分の酸素しか残っていないということになる。おそらく警報のエラーだろう。

そのとき、私のボンベの警報も鳴り出した。

ベテランの消防士なら、冷静でいられたかもしれない。だが私たちは二人ともパニックに陥った。もうまともに考えることすらできない。無意識のうちに、私は握っていた相棒の手を離し、彼は壁から手を離してしまっていた。最悪の事態である。二人はどちらも孤立し、おまけに戻る方向を完全に失った。混乱して恐怖にかられた私たちは、別々の方向にむやみに走り出した。ハアハアあえぎながら相手の名前を呼び合ったが、ゴウゴウという炎の音にかき消されて互いの声は聞こえなかった。刻一刻、無力感と恐怖がますます募っていく。私は正気をなくしたように辺りを這い回り、その間も酸素がどんどん底をついていくのを感じていた。

途方もなく長い時間がたったと思われた頃、私はたくましい二本の腕に迷路から引きずり出された。周囲の熱気が和らいでいく。あえぎながら新鮮な空気を吸い込む私たちに、消防士たちは事実を明かした。さまざまな突発的できごとはみな、訓練の一部だった。ボンベの警報を早く鳴るように設定して、酸素がなくなりかけているというウソの警告をした。そして消防士たちは、私たちの後をつけてきていた。彼らが私たちを見つけたとき、私は迷路の行き止まりを這い回っており、相棒もまた六メートルほど離れたところで同じようなことをしていたという。また、置かれているはずの人形は初めからなかった。消防士が毎年の訓練の最後に面白がって言うように、「火事の中のダミー（人形、のろま）は、訓練生だけさ」というわけだ。訓練生はこのように、必ず消防士たちに救い出されるのである。

私はそのとき「なんて残酷ないたずらをするのだろう」と思った。しかし何年かたって、この「火の迷路」の訓練が鮮やかな教訓を残してくれたことに感動した。それがこの、「法則7」の核になっている。つまり、予期しない難局や脅威に直面したとき、それを切り抜ける唯一の道は、周りの人たちとしっかり手をつないで、決して離さないということだ。

♡誰もが犯しやすい過ち

この法則は、恐ろしい煙タンクの中だけでなく、現代の職場にもあてはまる。仕事上の試練とストレスを切り抜けて成功するために不可欠なことは、周囲の人々とのつながりを失わないことである。しかし職場で警報が鳴り響くと、現実が見えなくなって単独でそれに立ち向かおうとしてしまう。その結果私がやったのと同じように、行き止まりから抜け出すことができず、酸素がなくなるまで同じ場所を這い回るはめになる。

これまで、たくさんのビジネスパーソンがこの過ちを犯すのを見てきた。二〇〇八年一一月、市場が最悪だった日、取引終了を告げるベルが証券取引場のフロアに鳴り響いたときを、私はいまも覚えている。ダウは暴落し、どれだけのカネが失われたのか想像もつかなかった。トレーダーたちはネクタイを緩め、肩を落としてフロアから出て行った。いつもなら一日の取引が終わった後はチームの部屋に集まるのに、それもせずに、みなが一言も発せずバラバラに帰って行く様子は衝撃的だった。

彼らはみな、世界の最高レベルの大学のＭＢＡ（経営管理学修士）を取得した優秀な人たちだ。しかし、総力を挙げて立ち向かう必要のあるこういう状況で、彼らはその能力を損なうような行動を取る。互いを最も必要としているときに、何より貴重なリソースに背を向けてしまう。それは周囲のサポートというリソースである。

この数カ月の危機の間に、多くの企業が、「もっと重要なこと」を優先して、チーム研修や社員の懇親行事などを取りやめ、それがチームの士気を落としていることを考えない。しかし実際には、そういうことが何よりも重要なのである。

周りの人たちとのつながりが最も大事なときに、人はどうしても自分の殻に閉じこもってしまいがちだ。経済破たんの瀬戸際に立つまでもなく、誰でもそういう状況を何度か経験しているだろう。非常に困難なプロジェクトを任されたときには、とても責務を全うできそうもないという不安に苛まれる。こんな短期間にやり遂げられるだろうか。もし間に合わなければどうなるだろうか、と。

デッドラインが迫ってきてプレッシャーが増し始めると、人はランチをデスクで食べるようになる。遅くまで残業し、週末も出勤する。関心はレーザー光線のように仕事だけに集中し（あるいは自分でそう思い込み）、直属の部下と顔を合わせて話す時間も惜しみ、廊下で仲間とすれ違っても雑談一つしない。顧客からの電話も重要でなければすぐに切ってしまう。メールはぶっきらぼうで事務的になる。危機モードになってくると、家族や仕事以外の友人などは真っ先に切り捨てられてしまう。ところが、仕事にすべての関心を注いでいるにもかかわらず、生産性は上がらず、デッドラインは近づき、ゴールはどんどん遠くへ行ってしまう。ますます追い込まれ、携帯も切り、ドアをダブルロックして閉じこもることになる。

その結果どういうことが起こるかというと、行き詰まってプロジェクトに失敗するか、無理に無理を重ねて仕事をやり遂げるかどちらかであり、後の場合は、ボンベにほとんど酸素が残っていないのに、次のさらに難しい仕事を与えられる。どちらにしてもすっかり惨めになり、打ちのめされて気力を失う。行き止まりで方角を見失い、気がつけばひとりぼっちだ。

成功している人たちは、これとは正反対のやり方をする。内向きに引きこもるのではなく、周囲の人々との結びつきをさらに堅固なものにする。人間関係を切り捨てるのではなく、そこに投資する。そういう人たちは幸せであるだけでなく、仕事の能率も高く、没頭でき、エネルギッシュで、失敗からの立ち直りも早い。彼らは、周囲の人間関係が、「幸福優位性」を得るための最大の投資であることを理解している。

◎「幸福優位性」に投資する

最も長期にわたる心理学研究の一つに、「ハーバードメン研究」というのがある。一九三〇年代の後半にハーバード大学に入学した二六八人の男子学生を、現在に至るまで追跡している研究である。研究者たちはこの膨大なデータをもとに、最も幸せで豊かな暮らしをしている人と、一番成功しなかった人の違いをもたらす、生活環境と個人的性格を特定することに成功した。

この研究を四〇年間指揮してきた心理学者ジョージ・バイヤンは、二〇〇九年の夏にアトランティック・マンスリー誌の中で、「研究によって得られた発見を一言で言えば『愛』に尽きる」

と書いている。そんなに単純なことなのだろうか。バイヤンは、追跡調査記事を書いて、データを詳細に分析しているが、彼の結論はここでも同じだった。「七〇年間に及ぶ研究の結果、周囲の人との関係が何にもまして重要であることが実証された」と書いている。

この研究は、他の研究者によって何度も再現されている。心理学者のエド・ディーナーとロバート・ビスワスディィーナーは、「幸福」に関するここ二〇年ほどの、異文化も含む膨大な量の研究を調べた。そして、共著書の中で「人が生き生きと暮らすためには、食物や空気と同様に、他者とのつながりが欠かせない」と結論づけている。信頼できる人間関係、つまり夫や妻、家族、友達、同僚などに囲まれていると、人は感情的、知的、身体的リソースを何倍にもすることができるからだ。よい人間関係を持っている人は、挫折からも早く立ち直り、多くを成し遂げ、人生の意義をより多く感じることができる。

また幸福感が増すので、その結果「幸福優位性」が得られ、両方の効果は即座に表れて長く続く。まず人とのかかわりをもつと、その瞬間にポジティブな気分が一気に高まる。その後、時間と共に人間関係が強まるにつれ、「幸せのベースライン」が持続的に上昇していく。だから、廊下ですれ違った同僚が「やあ、調子はどうだい!」と言ってくれると、そのやり取りが幸せの上昇スパイラルをスタートさせ、幸福感の恩恵がもたらされるのである。

ポジティブ度が平均ラインのずっと上に位置する人たちは、そういうことをもともと知っている人たちである。だからこそ彼らは非常にポジティブなのである。「非常に幸せな人々」というそのものズバリのタイトルの研究がある。これは、最も幸せな上位一〇パーセントに入る人たちの特質を調べた研究である。幸せな人たちというのはみな、温暖な気候の土地に住んでいるのだろうか、経済的に裕福なのだろうか、健康に恵まれているのだろうかということを調べた結果、最も幸せな上位一〇パーセントの人たちを、他の人たちから区別している特質はたった一つであるということが分かった。それは「強固な人間関係」だった。

一六〇〇人のハーバードの学生を対象とした、私の「幸せの実験的な研究」も、同様の結果を示した。周囲からの支えがあるかないかが、ほかの要素、たとえば成績の平均点、家族の収入、SATの点数、年齢、性別、人種などによる影響に比べ、幸福感に最も大きな関係があった。事実、周囲の支えと幸福の関係は〇・七である。これはたいして大きな数字には思えないかもしれないが、研究者にとっては非常に大きい数字である。心理学の発見で、〇・三以上あれば、重要な関係があると考えられる。つまり、周囲からの支えをより多くもっている人ほど幸せだということだ。そしてこれまで見てきたように、幸せであればあるほど、人生のほぼすべての面において優位性を手にすることができる。

◎人間関係への投資で生き残りと繁栄をめざす

周囲からの支えが必要であるというのは、気持ちの問題だけではない。社会に属し絆を作りたいというニーズは人間の生物的な本能であるということを、進化心理学が説明している。良好な社会的つながりができると、喜びを生じさせるホルモンのオキシトシンが血中に放出され、不安をたちまち鎮め、集中力を増すのだという。また社会的絆のそれぞれが、心臓血管系、神経内分泌、免疫のシステムを活性化するので、そういう絆を数多く持つほど、頭も体もよりよく働くようになる。

私たちは生きる上で、周囲からの支えをそれほどまでに必要としているのである。それがなければ私たちの体は、文字通り機能不全に陥る。たとえば、成人を社会的接触が断たれた状態に置くと、血圧が三〇ポイントも上昇する。シカゴ大学の心理学者、ジョン・カシオポは、三〇年以上にわたる研究の結果、著書『孤独の科学』の中で「社会的つながりの欠乏は、ある種の病気と同じ程度に人の健康を破壊する」と断言している。精神的に有害であるのは言うまでもない。二万四〇〇〇人の労働者を対象にした全国調査によれば、社会的つながりがほとんどない男女は、重症のうつにかかる割合が、しっかりした社会的絆を持っている人に比べ、二倍から三倍も高いというが、それもうなずける。

一方、周囲の支えが十分な人の場合は、挫折から立ち直る能力も非常に高く、寿命も長い。ある研究によれば、心臓発作を起こした後の六カ月間に、感情面で支えが得られた人は、そうでない人に比べ生存率が三倍高かったという。また別の実験では、乳がんの支援グループに参加した患者は、参加しなかった人に比べ、手術後の寿命が二倍長かったという。周囲からの支えが寿命に与える影響は、喫煙、高血圧、肥満、定期的な運動などが寿命に与える影響に匹敵する大きさだということも証明されている。こんなことを言う医師たちもいる。

「救命いかだを下ろすとき、生き延びようとする者は、デッキチェアを積み込んで食料を捨てるようなことはしないだろう。生活の一部を捨てなければならない状況になったとしても、近しい人と過ごす時間を捨てるのは最後の最後にするべきだ。生きるためにはそれが必要なのだから」

人生の荒波を漂流するような状況では、いかだにしがみつくだけでなく、いかだ仲間との絆を手放さない人が、沈まずにすむということのようだ。

♡人間関係の絆がストレスを和らげてくれる

ストレスの多い仕事の世界を生き延びる上でも、これと同じ戦略、つまり人との絆を離さないということが重要である。ある研究によって、社員が職場で一日のうちに経験する周囲の人との良好なかかわりが、心臓血管系を安定した状態に戻す働きをすることが実証された（この効果はよく「ワーク・リカバリー」と呼ばれる）。長期的に見て、よい人間関係を多く持つ社員は、仕事のストレスがもたらす悪影響も受けにくい。人とのつながりは、コルチゾルというストレスホルモンのレベルを下げ、仕事のストレスから早く立ち直らせ、次にストレスがかかったときにも対処できるようにしてくれる。

またさらに、しっかりとした人間関係を持っている人たちは、そもそも困難をストレスととらえないということも分かった。つまり、人との絆に投資すれば、逆境を成長の機会や新たなチャンスととらえられるようになる。そして本当にストレスに襲われたときも、そこからすみやかに立ち直り、そのストレスがネガティブな影響を後まで残さないように自分を守ることができる。

仕事の世界には、何が起こるか分からない。だからストレス管理の能力は、身体面でも心理面でも、重要な競争優位性となる。ひとつには、社員のストレス管理能力が上がれば、会社の医療コストが大きく減り、欠勤率も下がるということが分かっている。だがさらに重要なことは、それが直接的に個人の仕事の成果に影響するということだろう。研究によれば、ポジティブな人間関係から得られる「生理学的資質」は、仕事に取り組むための土台となる。それがある社員は、長時間仕事に集中でき、より難しい状況でも働くことができるからだ。

AT&Tが、会社を三分割した後、大規模なリストラや内部の混乱に苦しんでいたとき、現場で日々指揮を執っていた経営陣の一人が、同じプレッシャーのもとでも、めげずにやる人と、打ちのめされてしまう人がいるということに気づいた。彼は、ハーバード大学の心理学者、ダニエル・ゴールマンにこう語ったという。

「痛みは、社内どこでも同じように感じるのではないようだ。テクノロジー部門のように、緊密なチームを作って働いているところや、一丸となって取り組む仕事にやりがいを見出しているところでは、社員たちが混乱の影響をあまり受けていないように見える」

それは、互いに支え合うシステムをふだんから築いていた人たちは、最も困難な状況にあっても力を発揮できるように備えができているからである。逆に周りから離れて引きこもってしまう人は、得られるはずの支えの糸を、それが一番必要なときに、自らせっせと断ち切っているようなものだ。

この違いがどれほど重要で、将来の成功にどんな影響を及ぼすのかを理解するために、ちょっとフットボールの世界を覗いてみることにしよう。

♡人生に必要なことは、すべてNFLから学んだ

アメフトの世界では、注目を集めるのはごくわずかのポジションにすぎない。クォーターバック、ワイドレシーバー、それにランニングバックのスター選手たちである。新聞の見出しに載るのは主に彼らの名前であり、彼らの給料も名声もその重要性に応じている。ところが、別のポジションで、同じくらい高給で、同じくらいあるいはそれ以上に重要な選手たちがいる。それはオフェンシブラインの選手たちだ。だが、彼らがどういう働きをしているのかを知っている人はあまり多くない。彼らの名前が入ったジャージを着て歩き回るファンもまずいない。しかしこのポジションはもっと注目されてしかるべきだ。

チームがフィールドに並ぶとき、芝生の上にしゃがんでいる五人の大男の後ろにクォーターバ

ックが立つ。この大男たちがオフェンシブラインである。彼らのすぐ前に、敵方が飛びかかる準備をして待っている。笛が鳴ると、小山のような筋肉のかたまりが飛び出してきて、あらん限りの体重と筋力でクォーターバックに飛びかかり、地面にたたきつけようとする。その両者の間にあって、襲ってくる敵方を防ぐことができるのはオフェンシブラインだけである。彼らはタッチダウンやフィールドゴールで点数を上げることはない。彼らの任務はただ一つ、クォーターバックを守ることである。しかしフィールドにおいてこれほど重要な仕事はない。クォーターバックがボールを投げる間もなく地面に引き倒されてしまったら、試合に勝つことは絶対にないからだ。

殿堂入りを果たした名クォーターバック、ジョー・モンタナは、優れたオフェンシブラインの後ろでプレイをする幸運を得て、かつてないほどの業績を上げた。マイケル・ルイスは、著書『ブラインド・サイド』の中で次のように書いている。「モンタナは、テストの答えをあらかじめ知らされている子どものように、楽々とプレイをした」

しかし試合後、モンタナは記者たちに、「こんなふうに戦ったのは初めてだ。だからそれほど大変に感じられなかったのだが、実際には非常に厳しい戦いだった。オフェンシブラインが敵を止めて、俺に時間をくれたので、すべてが簡単になったんだ」と語ったという。誰もがジョー・モンタナを称えたが、彼が称えたのはオフェンシブラインだった。

私たちの多くはフットボールをすることはないが、誰もがその人なりのオフェンシブラインをもっている。それは、夫や妻、家族、友人たちである。こういう人たちに囲まれていると、大きな試練も乗り越えられそうに思えるし、小さな試練などはそもそも気づかずに通り過ぎてしまう。

オフェンシブラインがクォーターバックを敵の荒々しい攻撃から守るように、周囲の人との絆が、私たちがストレスに打ちのめされてゴールにたどりつけないようなことがないように支えてくれる。オフェンシブラインが、彼らがいなければ不可能だったタッチダウンをモンタナにさせてくれたように、人間関係の絆は、私たちが仕事や生活でそれぞれの強みを活かして成功できるように支えてくれる。

人間関係の恩恵は、短期間のものではない。五〇歳以上の男性を対象にした長期間調査で、ストレスの多い人生を送った人は、その後七年間に死亡する率が、そうでない人よりも高いということが分かった。だが同じ調査で、ストレスが高かったグループの中にも高い死亡率があてはまらない人たちがいた。それは感情面での支えが十分にあると答えた人たちだった。オフェンシブラインがクォーターバックを敵の襲撃から守るように、長期にわたる人間関係の強い絆が、ストレスの危険な害からその人たちを守っているのである。

私たちは、敵方の小山のようなラインマンが飛びかかってくるのを避けることはできない。しかし誰でも屈強なオフェンシブラインに投資しておくことはできる。そしてそれが決定的な違いを生む。

♡友人たちの支えが成功をもたらす

残念なことに、誰もが人間関係への投資をしているわけではない。仕事の世界に入る前の学生時代から、誤った衝動によって内向きになってしまうということはしばしば起こる。前に書いたように、ハーバードの学生たちと一緒に学生寮で一二年間過ごしたおかげで、私はさまざまなユニークな経験をした。一二年間のすべての食事は食堂のトレーに載ったものだったという、人には勧められないような部分もあるが、一番よかったことは、一八歳から二二歳までの若者たちが、ハーバードの過酷な迷路を無事に通り抜けるためにどんな戦略を用いたかを観察するチャンスを持てたということである。学生たちはみなそれぞれの面で優れていたが、この試練に満ちた競争的環境の中で、避けようのないストレスに対処することに関しては、明らかに優劣があるということを私は毎年感じていた。一部の学生たちはやすやすと対処できるのに、他の学生たちは、知性もあり努力もしているのに、前に進む力を自分で削ぎ取ってしまう。

二人の一年生のことが特に記憶に残っている。アマンダとブリトニーという女子学生で、二人はルームメイトだった。どちらも活発な子で、入学直後から難なく友人をたくさん作った。しかし中間試験が近づくと、明暗が分かれ始めた。プレッシャーが増すにつれ、アマンダは図書館の小さな個室にこもり、昼も夜もそこで過ごすようになった。寮の休憩タイムにも参加しなくなった。クラスメイトとお菓子を分け合ったりおしゃべりしたりする「無駄な」時間が惜しかったのである。初めの頃は寮のフリスビーチームに入って活躍していたにもかかわらず、練習にも試合にも出て来なくなった。

私はほっておけなくなり、ある日食堂でランチをテイクアウトして(たぶん図書館に)行こうとする彼女に追いついて声をかけた。彼女は、プレッシャーが大きすぎて、勉強以外のことに気持ちが向かないのだと言った。「友達は分かってくれると思います」と言う。しかし私が心配だったのは、友人がどう思うかではなく、彼女自身のことだった。

その間、ブリトニーは順調にやっていた。もちろん試練やプレッシャーを感じていなかったわけではない。それにアマンダと同じように勉強もしっかりやっていた。しかし彼女は、個室に引きこもる代わりに、勉強グループを作った。「数のマジック」という授業のため、彼女は六人の友人にメールを書いて、一人一週間分ずつリーディングの課題をこなし、要約を書いてはどうかと提案した。週に二、三回、ランチのときに集まってそれを見せ合うのである。

私は彼女たちがこの勉強会をやっているところに通りかかったことがある。TVアニメの話をしているので「これは数学の勉強会じゃないのかい?」とわざと苦い顔をして見せると、男子学生が顔を上げ、ブリトニーを指さして言った。「おしゃべりタイムを作ろうって彼女が言ったんです」

それから二、三週間後、休憩時間にブリトニーにそのことを尋ねると、彼女は肩をすくめて言った。「そりゃ、やることはいっぱいあるけど。でも、ほかの人も徹夜してがんばってるんだって分かるだけでもいいと思って」

ポイントを長々と説明する必要はないと思うが、これだけ言おう。一月に、この二人のうち一人はプレッシャーとストレスに屈して、もっと競争の激しくない別の大学に移りたいと言った。もう一人は大学生活に適応して楽しく暮らし、成績も抜群だった。アマンダとブリトニーは実在の人物だが、彼女らのたどった道は、人が困難に直面したときに選ぶ選択肢の典型的なものである。

私が出会った多くのビジネスリーダーは、アマンダのように、成功への道は独りぼっちで歩くものだと信じている。しかしこれはまったく正しくない。私がかかわった有能なビジネスパーソンの大半は、非常に競争的な環境にあっても、人間関係というリソースを蓄積し、わずかでも人と関わる時間を活用することが、試練に対処する備えになるということを知っている。ブリトニーは、友人とのランチや勉強会を単に楽しんでいただけではない。ストレスレベルを下げて、脳が最大限に働くようにし、友人たちから与えられるアイデアやエネルギーやモチベーションを大いに活用していたのである。

アマンダが友人たちのネットワークを捨て去って、結果的に悪戦苦闘することになったのに対し、ブリトニーは持続的に恩恵が得られるものに投資していた。人間関係からの支えは「幸福の処方箋」「ストレスの解毒剤」であるだけでなく、仕事の成功に最も貢献するものである。

◎優れた業績を上げるために、人間関係に投資する

法則5「ゾロ・サークル」で、自分の人生に起こることにコントロール感覚を持つ者は、仕事においても生活においても優位性があるということを学んだ。これは否定しようのない事実である。しかしそれは、人が一人で生きなければならないということでもないし、成功は自らの努力のみにかかっているということでもない。七〇年に及ぶ「ハーバードメン研究」の話をしたのを覚えているだろうか。この研究で、周囲の人との絆を持っていることは、単に総合的な幸せに関わるだけでなく、最終的に専門分野における達成、仕事上の成功、そして収入にまで関わってくるということが立証された。

私たちの文化の根底に個人主義的価値観があることを考えると、この事実はいまだに多くの人にとって受け入れがたいことかもしれない（ラルフ・ウォルド・エマーソンの『自己信頼』を読むことが、アメリカ人にとっては通過儀礼のようになっている）。とりわけ、仕事の手柄が誰のものかということに関して、私たちは独立主義になりやすい。スタンフォード大学の心理学者、キャロル・ドゥエックはこういう考え方の愚かさを教えるのに、学生たちに歴史上最も偉大な研究者が仕事をしているところを想像させる。「トーマス・エジソンを想像してみましょう。どんな様子が思い浮かびますか」

「白衣を着て、実験室みたいなところに立っています」というのが、学生の平均的な答えである。

そして「電球の上にかがみこんでいます。あ、電球がつきました！」と続く。

「で、エジソンは一人ですか？」とドゥエックは尋ねる。

「はい。彼は孤独を好むタイプで、一人でいろいろ研究するのが好きなんだと思います」

ドゥエックが楽しんで指摘するように、こんなイメージは真実からかけ離れている。実はエジソンは、グループで研究することを好んだ。電球を発明したときも、三〇人ほどのアシスタントが手伝っていたという。エジソンは社交的な発明家であって、決して一匹狼などではなかった。最も革新的な思想家となると、どうしても変わり者で孤独を好む天才と思われがちだが、彼もやはり、この「法則7」の例外ではなかった。

「二つの頭は一つに勝る」という格言を聞いたことがあると思う。だが、職場における人間関係がもたらす恩恵は、ブレインストーミングのようにいろいろなアイデアが得られるという利点をはるかに上回る。職場に、何かのときにあてにできる人がいるということ、あるいは昨夜のTVドラマについてしゃべれる相手がいるという程度のことが、その人の発想力、創造性、生産性を高める。二一二人の社員を対象にしたある研究では、職場における人間関係が、それぞれの社員の学習態度に影響するということが分かった。人との絆を多く感じている社員ほど、仕事の効率や自分のスキルセットを改善する努力に多くの時間を費やすという。

とりわけ重要なことは、職場における人間関係が社員のモチベーションを高めるということだろう。専門職をもち、職業的に非常に成功していて、引退の時期に近づいている一〇〇〇人を超す男女にインタビューした調査がある。仕事をする上で何が一番のモチベーションになったかを尋ねたところ、金銭的報酬や社会的な地位よりも、仕事上の友人との絆という答えが圧倒的に多かった。ジム・コリンズは著書『ビジョナリー・カンパニー2　飛躍の法則』の中で、同様の事実を明らかにしている。「インタビューした飛躍企業の人たちは、明らかに自分の仕事を愛していた。その理由は主に、一緒に働いている仲間を愛していたからだ」

職場での人間関係にいい感情を持っていればいるほど、人は能力を発揮することができる。たとえば、ある金融サービス会社の六〇支店で働く三五〇人を対象として行われた研究では、チームの業績の良さは、メンバーが互いをどう思っているかということに影響されるという結果が出た。これは特にマネジャーにとって重要な事実だろう。マネジャーは、チームに配属されてくる社員の履歴や技能に関してはどうすることもできないが、メンバー同士のつながりや信頼関係になら、自分の力が及ぶからだ。研究によれば、メンバー同士の仕事以外のつき合いを奨励したり、直接顔を合わせる機会を増やしたりすると、帰属感が増し、活力が高まり、長時間仕事に集中できるようになるという。つまり人間関係に投資すれば、仕事の成果が上がるのである。

♡上質のつながり

業績や仕事に対する満足感を高めるのに、人とのかかわりは必ずしも深いものでなくてもいい。

組織心理学の研究によれば、たとえ短時間のふれ合いでも「上質のつながり」になりうるという。そういう上質のつながりは、心を開かせ、活力を増し、同僚同士の信頼を強め、その結果たくさんの計測可能な成果の向上につながる。ミシガン大学ビジネススクールの心理学者で、このテーマの専門家であるジェーン・ダットンは、「どんなふれ合いも、上質のつながりになる可能性がある。ひとときの会話、一通のメールのやり取り、会議中に感じられた心のつながりが、双方に気力の充実を感じさせ、足取りを軽くし、行動の幅を広げる」と説明している。

これもまた、単に職場を楽しく和やかなものにするというだけのことではない（もちろんそれも重要なことだが）。人とのつながりの一つ一つが、利益を生じるのである。MITの研究者がまる一年かけて、IBMで働く二六〇〇人の社員を追跡調査し、彼らの社会的つながりを観察したことがある。社員のアドレスブックや友人リストを、数式を用いて分析し、人間関係の広がりを調べることも行った。その結果、社会的つながりが多い社員ほど、業績がいいということが分かった。また、人間関係の広がりの違いを数量化してみると、平均してメール一通が、約九四八ドル売り上げる効果に相当したという。人間関係に対する投資の威力がまざまざと示されたわけだ。そしてIBMは、この研究の成果を無駄にしなかった。マサチューセッツ州ケンブリッジにある会社の施設で、知らない社員同士の交流を促進するプログラムを開始したのである。

グーグル社は、人と人のつながりの重要性を本当に理解していることで、最も有名な会社だろう。これはお世辞ではない。しかもグーグルは、その理解を実行に移している。会社のカフェテリアは、既定の就業時間を過ぎてもずっと開いている。社員同士ができるだけ一緒に食事できるように配慮しているのである。またグーグルの社員は、社内に設けられた託児所を利用でき、勤務時間中もヒマをみて子どもの顔を見に行くことを奨励している。

ＵＰＳ社もまた、人間関係への投資を行って成功している。全米の都市や地方の町で、ＵＰＳのトラックが三、四台一緒に停まっているのを、よく見かけるだろう。あれは、ドライバーが集まって一緒に昼食を取っているのである。その機会に面白い話題や情報を交換したり、積み間違えた品物を入れ替えたりする。これをするには、ドライバーが決まったルートから外れなければならないので、一人でランチを食べるよりも時間が取られる。効率にうるさいＵＰＳの経営陣がこういうことを奨励するのは、多くの人にとって驚きである。しかし彼らは、長期的に見てこの人的交流が、ドライバーたちにとってだけでなく、組織全体にとって有利に働くということを知っているのである。

ほかにも、たとえばサウスウエスト航空、ドミノ・ピザ、ザ・リミテッドなどの企業は、人間関係への（文字通りの）投資、つまり健康を害したり経済面の窮地に陥ったりした同僚のために社員が寄付することのできるプログラムを設けている。その結果、それに関わった社員たちは（また関わらなくても、そういうプログラムがあるということを知っただけで）、互いに強い絆を覚え、会社への愛着も深まった。フォーチュン五〇〇社のある小売企業のマネジャーの一人が、この「社員支援基金」についてこう語った。「こういうものがある自分の会社に、誇りを覚えます。与えるというのは素晴らしい行為で……自分の持つ感性や人への思いやりを分かってもらえる会社に働いているんだと感じます」

社員たちのこういう気持ちはやがて、欠勤率や離職率を下げ、モチベーションや情熱を向上させるなど、実質的な利益となって会社に戻ってくる。

♡グルーガイ

人間関係に投資するために、このような企業全体の取り組みがいつも必要だというわけではない。わずかな工夫でも、大きなインパクトを生じさせることができる。UBSのロンドン支社では、毎週金曜日の午後に、トレーダーたちがビールカートを囲んで一杯やるのが慣例である。また数年前、ハーバード・ロースクールの学長も、法科の学生たちのストレスの大きさを心配して、同じようなことを考えた。校舎とバレーボールコートの間にコーヒースタンドを設けたのである。厳しい授業の合間に数分でも、学生たちが言葉を交わす機会を提供するのが目的だ。

残念なことに、企業が財政的危機に陥ると、こういう取り組みが真っ先に廃止の対象になってしまう。UBSは先日、予算がひっ迫しているからという理由で、毎週のビールカートを中止にした。しかし社員たちには、長い伝統によって絆の文化が培われていたので、自分たちでそれを継続させた。最近このオフィスを訪ねたとき、私の顔を見るなり社員が話したのはそのことだ。

二人のマネジャーが、ポケットマネーも不況の影響を受けていたにもかかわらず、チームのために毎週のビール代を出し続けているという。困難な時期だからこそ、この慣習を守ることがチームの士気を大いに高めるのだと、二人のマネジャーは理解していたのである。私が訪ねたときの社員たちの雰囲気が、その効果の大きさを物語っていた。

人間関係に積極的に投資をしている人たちこそ、繁栄する組織の核であり、チームを前に進める力である。スポーツの世界では、こういう人たちのことを接着剤になぞらえて「グルーガイ」と呼ぶ。ウォールストリート・ジャーナル紙は、グルーガイをこう説明している。「このタイプの選手は勝利チームの中にいて静かにメンバーをまとめている。統計学者はこういう選手の存在を信じないが、心理学者はそういう選手がいることを理解している。選手もマネジャーも、こういう選手に全幅の信頼を置いている」

野球チームは全国を回って、年に八一もの試合をこなす。選手たちはその間、共に戦い共に暮らす。仲間とうまくやることがどれほど重要かは想像がつく。勝つか負けるかで大きな違いが生じるプロスポーツの世界では、過大なプレッシャーのために、チームが簡単にバラバラになりやすい。そういう困難な状況にあるとき、仲間の結束を守るのがグルーガイである。

♡縦のカップル

「オフィス」という風刺の利いたイギリスの連続ＴＶドラマがある。そのエピソードの中で私が特に気に入っているのは次のような話だ。

気難し屋のスタンリーという社員は、ドジな上司のいい加減な態度にいつもイライラさせられているのだが、医師から、就業中に心臓モニターをつけるように命じられる。最近心臓の具合がよくないからだ。心拍が危険なほどに高くなると、アラームが鳴って警告してくれる。さて、どうしようもない無能な上司の見本みたいな、マイケル・スコットが登場する。ところが、マイケルがスタンリーの周囲六〇センチに近づくたびに、彼の心臓モニターのアラームが鳴る。マイケルがそばへ寄れば寄るほど、アラームは大音量でけたたましく鳴り響く。無能で不愉快なボスが傍らへ来るだけで、スタンリーの心拍は飛び上がるのである。

もちろんこれはドラマのストーリーにすぎないが、それほど現実からかけ離れた話ではない。実際の世界でも似たようなことが起こる。イギリスの研究チームが行った実験で、二つのグループを、二人の上司の下で交代に働かせて、その様子を追跡調査したものがある。片方は誰からも慕われる上司であり、もう一人はマイケル・スコットみたいな上司だ。最初の上司との間には信頼関係が築かれ、後の上司との間にはそれがなかった。そして、いやなボスが来る日には、チームメンバーの血圧の平均値が急上昇したという。

また、一五年にわたる長期の研究の結果、上司との関係がよくない部下は、冠状動脈疾患を発症する割合が、上司といい関係にあった部下よりも三〇パーセント高かった。上司との相性が悪いということは、揚げ物を毎日食べ続けるのと同じくらい身体に悪いのである。しかも、揚げ物なら食べる楽しみがあるが、悪い上司の場合はそれもない。

職場の人間関係の中で、上司と部下の絆を深めることは何よりも重要である。ダニエル・ゴールマンがこれを「縦のカップル」と呼んだのは、うまい言い方だと思う。いくつかの研究が、上司と部下の絆の強さは、日々の生産性と、社員がその職にとどまる期間に影響するということを報告している。

調査機関のギャラップは、世界の主な組織を対象に、働き方の調査を数十年にわたって行っている。その調査によれば、米国企業では、部下と上司との関係がうまくいかないことによる部下の生産性の損失が、年間三六〇〇億ドルにのぼると推定している。「縦のカップル」が会社の業績に、それほど重大な影響を与えているというのは、ゴールマンが言うように、上司と部下は「組織生活の最も基本的な単位で、人の体を構成する分子のように、互いに作用しあって人間関係を織り成し組織をつくるもの」であることを思えば、驚くにはあたらないだろう。

この関係が強固であれば、企業はその恵みを収穫できる。ＭＩＴの研究によれば、上司との間に強い絆をもっている社員は、絆の弱い社員に比べ、毎月平均五八八ドル多くの収益を上げるという。またギャラップは、世界各国の一〇〇〇万人の社員を対象にするという、驚くべき規模の調査を行った。それらの社員に、次のような記述が自分にあてはまるかどうかを尋ねたのである。「私の上司あるいは同僚が、自分を一人の人間として気にかけてくれていると思う」これに、あてはまると答えた人はより生産的で、会社の利益により大きく貢献し、その会社に留まる率も、そうでない人に比べてはるかに高かった。

優れたリーダーはこのことを理解しており、少し特別のことをして、部下たちが気にかけてもらっていると感じられるようにする。マサチューセッツ州の小さな町にあるモールデン・ミルズ社の工場が火事で全焼したとき、CEOのアーロン・フュウスタインは、突然職を失うことになった三〇〇〇人の従業員の給料を払い続けると宣言した。ドン・コーエンとローレンス・プルサックは、共著書『人と人の「つながり」に投資する企業』の中で、このフュウスタインの行動が、どれほどアメリカ国民を驚かせたかを語っている。フュウスタインは無私無欲の英雄として絶賛され、ホワイトハウスにも招かれた。しかし、二人の著者はこう指摘する。

「世間やビジネス界は、フュウスタインの行為を非常に驚くべきことで、ビジネスを度外視した行動と見なす。そのことは、人々が組織におけるソーシャルキャピタルの価値をまだよく理解していない証拠だ。フュウスタインが使ったカネは、彼のビジネスの将来に対する投資なのである」

上司にも部下にも組織全体にとっても、人間関係を大事にすることは明らかに利点がある。しかしながら、今日のようなペースが速く緊張の強い職場においては、同僚や部下との強い絆を作るだけのゆとりがあるリーダーは少ない。もちろん、フュウスタインのように部下の給料を自腹を切って払うことまでする必要はまったくなく、必要なのは、これまで挙げた例で分かるように、前向きな交流を常に心がけるという決心だけだ。

最近行われたある調査では、回答者の九〇パーセントが、職場の空気の険悪さを、深刻な問題として挙げている。多くのリーダーは、人間関係をよくする努力をまったくしようとしない。その理由として、時間的ゆとりのなさ、部下と親しくなりすぎると権威が失われるという心配、間断なく起きる経営危機モード、単に「仕事は社交じゃない」という考え方など、いろいろなことが挙げられた。しかし、人間関係すなわちソーシャルへの投資を無視すればするほど、会社とマネジャー本人の業績は損なわれるのである。

◎人という資産の価値を理解する

資産運用コンサルタントは、株のポートフォリオを発展させる確実な方法は、配当を再投資し続けることであるという。人間関係のポートフォリオも同じである。新しい関係に投資する必要があるだけでなく、現在の関係にも再投資し続けなければならない。株と同じように、人の絆のネットワークも、長く持っていると力強く育っていく。幸い、このための有効なテクニックはたくさんある。

オフィスの中を歩けば、上質のつながりを作ったり強めたりするチャンスが必ずある。廊下ですれ違う同僚に声をかけよう。そのときに相手の目をちゃんと見ることが大事だ。これは単に表面的なマナーの話ではない。神経科学の研究によれば、人と目を合わせると、脳にある種の信号が送られ、共感や信頼感が生まれるのだという。そして、何か興味深い質問をしたり、会う機会を持つことを提案したり、たまには仕事に関係ない話題を持ち出したりしてみよう。

全国トップ一〇〇に入る法律事務所の人望あるマネジャーが、あるとき私にこう言った。「毎日、職場の仲間に関して必ず何か一つ新しいことを知るように心がけてます。そして、次にその人と話をするときに、その話題を持ち出すんです」。彼の部下は彼や会社に対して強い絆を感じるようになり、彼が毎日投資しているソーシャルキャピタル（人間関係資本）は、やがて大きな配当を生むようになる。もちろん、初期段階ではかなりの努力が必要だ。元ベンチャー投資企業経営者のあるCEOは、「ファスト・カンパニー」誌とのインタビューの中で、「人間関係から得られる価値を最大にするためには、相当の努力をしなければならない。私は自分の時間のかなりの部分を、人を紹介したり、推薦状を書いたり、コネを作ったり、コミュニティに広く関わることに使っている。それがビジネスにも人々の生活にも役に立つ」と語っている。

人との絆を保つために大事なことは、人が困っているときに物理的にも心情的にもそばにいてあげることであるということは、誰もが知っている。しかし最近のある興味深い研究によれば、困難な時期よりも、好調な時期にどれだけ人を支えたかが、人間関係の質に影響するというのである。よいニュースを誰かと共有することは「資本化（キャピタライゼーション）」と呼ばれる。

よいできごとを人と共有すると、そのできごとの恩恵が何倍にもなり、共有した相手との絆が強まることが分かっている。この恩恵を得るために大事なことは、相手のよいニュースにどのように反応するかである。

　カリフォルニア大学のトップ心理学者、シェリー・ゲーブルによれば、他者のよいニュースに対する反応の仕方は四種類あり、そのうちの一つだけが人間関係にプラスに働くという。それは、肯定的で発展的な反応である。情熱的な支持を表わすと同時に、具体的なコメントをし、さらに関連した質問をする。「ワァ、それは素晴らしい！　君がずっとがんばってきたのを上司が認めたのがうれしいよ。それで昇進は正式にいつから？」という具合である。

　興味深いのは、いい知らせに対する気のない返事「へえ、よかったね」が、あからさまに否定的な反応「君が昇進したの？　なんでサリーじゃないの。彼女の方がふさわしいのに」と同じくらい、関係にとって有害だということだ。そして、最も破壊的なのは、そのニュースを完全に無視して、「ねぇ、私の鍵、見なかった？」などと言うことである。

　ゲーブルの研究は、会議などにおいても、肯定的で発展的な反応が、絆と満足感を強めること、また自分が理解され、認められ、心にかけられていると感じる度合いを高めることを確認した。これらはすべて「幸福優位性」を促進するものである。

♡人間関係に投資したチーム作り

リーダーの立場にある人は、自分の人間関係を強化するだけでなく、人間関係への投資を大事にする職場環境を作ることもできる。たとえば、新しく雇った人が組織に入って来たときには、その人をチームの全員に紹介した上で、直接一緒に仕事をしない他部門の人にも（あるいは一緒に仕事しないからこそ）紹介するといい。新人だけでなく、もとからいる社員も、組織内の遠いところにいる人に会う機会をできるだけ作るといいだろう。

会社に長くいる社員を一日だけ他部門に送って、そこの仕事を学ばせている会社もあるが、それも同じ理由である。社員同士が出会う機会が増えるほど、上質のつながりが生まれる機会も増える。人事が採用した新人が多く入ってくる職場では、特にこういう戦略が有効である。

みなさんがリーダーの立場にあるなら（あるいはそうでなくとも）、知らない社員同士を紹介してあげることとは、一番簡単に手っ取り早く人間関係に投資することになる。そして、それをもっと効果的に行うなら、名前、所属、仕事の内容を越えた紹介をすることだ。トヨタ大学の学長で副社長のマイク・モリソンは、社員によく「君の名刺の裏には何て書いてあるんだい」と尋ねるという。つまり、表にはおそらく「常務」などという肩書が書かれているのだろうが、「広い視野で考えられる人」とか「優れた指導者」とか「緊急事態でも冷静でいられる人」などと紹介することもできるということだ。形式的なやり方にこだわらず、こういう種類の情報か、あるいは住んでいる場所や趣味などの情報を簡単に提供する方が、ずっと内容のある紹介になる。そして、その二人のつながりを即座に効果的に作ることができる。

ここで大事なのは、しっかりしたソーシャルキャピタルを築くのに、同僚全員と親友になる必要もないし、全員を常に好きでいなければならないわけでもないということである。そもそもんなことは不可能だ。大事なのは、職場に互いを尊敬する気持ちと信頼感があることである。社員を、プライバシーを話す会に出席させて、無理に打ち解けさせようとしたり、絆づくりを強要したりしても、気持ちのずれや不信を生むだけだ。心が通う瞬間は自然発生的に起こるのが望ましい。ふさわしい環境があれば、そういうことは自然に生じる。

優れたリーダーは、社員同士の絆が自然に生じるような時間と場所を提供する。社員が親しく語り合えるような公共の場所がもっとあるのが理想である。ある会社のCEOは、社員たちが社内の階段によく集まっていることに気づいた。そこで冗談を言って笑い合ったり、週末のできごとを話したり、アイデアを聞いてもらったりして、よい関係作りが行われている。そこでCEOは階段を拡張し、踊り場にコーヒーマシンを設置して、この交流を奨励した。

ランチタイムや就業後の交流も非常に重要である。心理学者のジェーン・ダットンによれば、従来の退屈なミーティングでさえ、上質のつながりを生み出すように工夫できるという。メンバー全員が発言すること、互いの話を熱心に聞くことを促すようにするだけで、チームの仲間意識を高めることができる。私が最も優れた経営者だと思うある社長は、自分の会議でブラックベリーを使わせない。全員の目が必ずいつも互いの顔に注がれているようにしている。彼は、ダットンのいう「人間関係に対する気配り」ができるリーダーのいい例だろう。チームの人間関係は、気遣いを注ぐほどよい結果につながる。

チームの結束を高めることが目的であれば、私たちの使う「言葉」もまた重要になる。前に紹介した実験で、同じゲームを「ウォールストリート・ゲーム」と呼んだときと、「コミュニティ・ゲーム」と呼んだときで、グループの協力ぶりが大きく異なったというのを覚えているだろうか。職場においても、単にチームの共通の目的や互いに支え合っていることを想起させるような言葉を使っただけで、人間関係を充実させることができる。

ダットンはまた、それぞれの人の「存在感」(実際的にも心理的にも)を高めるような工夫が大事だという。たとえば、誰かが自分のオフィスに立ち寄ったときに、パソコンのスクリーンから目をあげてその人をきちんと見るということである。また、電話で話しながらメールを打ち込んだりしないということだ。ある会計士がこんなことを言ったことがある。上司に電話をしていて、受話器の向こうからキーを叩くカタカタいう音が聞こえたとたん、相手はろくに聞いていないのだと分かってがっかりするという。人とのつながりを作るには、相手の話を身を入れて聞かなければならない。大いに関心を示し、十分に話させることが必要だ。ダットンは「多くの人の聞き方は、単に自分の意見を言うタイミングを待っているだけのように見える」と書いている。相手とその意見に注目し、それをもっと知るために興味を持って質問することが大事である。

人間関係に対する投資を真剣に考えるリーダーは、文字通りよく動きまわる。職場においてより多くのつながりを作る最良の方法は、デスクを離れることである。「Managing By Walking Around(歩きまわるマネジメント)」というアイデアは、一九八〇年代にリーダーシップのエキスパート、トム・ピーターズが、ヒューレット・パッカード社のリーダーたちから学んで、世に広めたものだ（重要性を強調するために彼は「MBWA」という頭字語まで作った）。マネジャーはMBWAによって、社員をよく知ることができ、よい知らせや成功事例を伝えたり、心配事を聞いたり、解決策をさずけたり、励ましを与えたりできる。

UPS社のCEO、ジム・ケリーは、それを実践していることで有名なマネジャーである。「私は他の経営陣の内線番号も知らない。彼らが社内にいるのに電話なんかかけないからね。用があれば互いに相手のオフィスに行くまでだ」と彼は言う。

トム・ピーターズが、MBWAが組織の成功に果たす役割の大きさを主張してから二五年、「MBWAはますます重要になってきているのに、いまだにちっとも実行されていない」と彼は言う。

頻繁に社員を褒めたり、フィードバックをしたりすることが大事だということを前に書いたが、社内を歩きまわって社員と顔を合わせたときが、それを実行する最良の機会である。具体的で心のこもった褒め言葉をかければ、チームを「ロサダライン（ポジティビティの効果が表れるしきい値）」の上に押し上げるだけでなく、褒めた人と褒められた人の絆が強まる。私がマネジャーたちに、毎朝仕事を始める前に、友人、家族、同僚などに、賞賛や感謝のメールを書くことを勧めるのはそういうわけである。それがその人たちの幸福感を高めるからだけでなく、人間関係を強固なものにするからである。その「ありがとう」が、何年もの精神的な支えに対する感謝であれ、ある日の仕事の応援に対するお礼であれ、感謝を表すと、個人的にも職業的にも互いの絆が強まるということが、研究によって実証されている。

研究の結果、感謝は人間関係を上昇スパイラルに乗せ、両者とももっと絆を強めようという気持ちになることが分かっている。これはまた、二人が属すグループの一体感や協調性にも影響する。一人の社員が別の人に感謝を表せば、その二人はチーム全体に結束を感じるようになるということだ。つまり、感謝を表す人はチームの「グルーガイ」となりうる。

♡「火の迷路」の教訓

経済が崩壊したときに私が感じたように、危機を経験してようやく、人間関係への投資がどれほど大切かを学ぶこともある。ワシントン・ポスト紙の一面に、そういう現象に関する記事が載っていた。不況以来カープール（相乗り通勤）をする人が急増し、コミュニティの絆が強まっているという。また「庭仕事パーティ」と称して近所の人が集まり、芝刈り機を貸し借りしたり、庭仕事のアドバイスをし合っているのだそうだ。ある男性はこう言った。「みんな互いに助け合うし、仕事からも一緒に帰ります。もうローンレンジャーじゃいられません」

私がコンサルティングをしていたエグゼクティブたちも、つい何カ月か前までは、内向きで、自分の業績だけを考える一匹狼タイプだったが、大暴落の後の暗い日々を経験するうちに、協調とチームワークの重要性を理解して実行するようになった。仕事中毒の社員たちも、突然仕事が減ってしまってからは、早く家に帰って妻や子どもたちと時間を過ごすようになった。それまで個人主義だったマネジャーたちも、居心地のよいオフィスを出て、社内を歩き回り、部下に声をかけるようになった。いまはそれしか選択肢がないということもあるので、経済状況が持ち直して来れば、元に戻ってしまうかもしれない。しかし、生き方と働き方を見直さざるを得なかったことが結果的には一番よかったと、多くの人が言った。

もちろん、危機などを経験せずにこのことを理解するのが一番である。豊かな人間関係が、幸福度や仕事の成功に最も大きくかかわることを、多くの研究結果が示している。だから、たとえ本能的に外界とのつながりを断ちたくなっても、ポジティブ心理学を信じてほしい。炎に巻かれたときに、そこから脱して生き延びるには、ともかくパートナーの手を離さないことである。日々の暮らしや仕事において、周囲の支えがあるかないかで、並みの成果しか出せないで終わるか、自分の可能性を最大に活かして成功できるかが分かれる。

パートⅢ

幸せの波及効果

幸福優位性を仕事に家庭に人生に応用する

少し前、香港企業のCEOたちとその配偶者の集会で話をしたことがある。講演の後のレセプションで、自信たっぷりという感じのCEOが一杯機嫌で近寄ってきた。和やかに握手した後、彼はこう言った。「エイカーさん、ありがとうございました。あの研究は素晴らしいですね。まったくその通りだと思います」

それから私の耳元に口を寄せて、秘密でも打ち明けるようにささやいた。「教えてもらったことは、私はほとんど実行してますがね。でも家内には必要なことばかりですよ」

彼は五メートルほど離れたところにいる奥さんの方を示しながら、そのセリフをこっそり言ったつもりだったが、声が大きかったので傍にいた人たちにはほとんど聞こえていた。見るとその奥さんは、私がパーティの最初に言葉を交わした女性だった。私は同じように大きな声で、秘密めかしてささやき返した。「ありがとうございます。あ、それから、奥さんもあなたについて同じことを言っておられましたよ」

見ず知らずの夫婦の間にトラブルを引き起こす方法を紹介しているわけではない。どこの国で話をしても、ほとんどの人が、私の「七つの法則」について、自分にも役に立ちそうだが、周りの別の人たちにとってはさらに有用だと考える。人が変わるのに最も大きな力を持っているのはその本人である。だから、この「七つの法則」は、自分自身がまず実践しなければならないのだが、決してそこで終わりではない。本書を締めくくるにあたって、自分に変化を起こすことが、周りの人にも影響を与えるということを話したいと思う。

自分の生活に「幸福優位性（ハピネス・アドバンテージ）」を活用するようになると、すぐにポジティブな変化の波及効果が始まる。だからこそ、ポジティブ心理学はかくもパワフルなのである。これまでに述べた「七つの法則」をすべて一度に使えば、幸福と成功の上昇スパイラルが点火されるので、その効果はすぐに何倍にもなる。その後、ポジティブな効果は周辺に向かって波及し始める。周りの人たちの幸福度を高め、同僚の働き方を変え、最終的には自分が属する組織全体をいい状態に整えることになる。

♡上昇スパイラル

このプロセスは、すべて自分の脳の中から始まる。法則6で述べたように、人の思考や行動は、常に脳の神経回路を作り出したり作り直したりしている。だから本書で紹介したような練習を行えば行うほど、そしてマインドセットがポジティブになるほど、それが習慣としてしっかりと根づく。脳がある行動に習熟すると、ほかの行動を取り入れる能力も高まる。だから、これらの法則は一つだけ実行したのではうまく働かないのである。「七つの法則」という形に分類したのは、その方が明解に説明できるからであって、すでにお気づきのように、全部が分かちがたく関連している。だからいくつかを一緒に使えば、総合的な効力を高めることができる。

たとえば法則3「テトリス効果」は、法則4「再起力」を支援する。身の回りからポジティブなものを探し出す訓練ができれば、失敗も成功の機会と再定義できるようになるからだ。また、法則7「ソーシャルへの投資」は、法則6「二〇秒ルール」を活用するのに役立つ。周りからの応援によって、新しい習慣を簡単に投げ出さなくなるからだ。また逆に、法則6「二〇秒ルール」によって、職場のよい人間関係を作るために必要な「活性化エネルギー」を減らし、法則7「ソーシャルへの投資」を成功させることもできる。そして、職場において上質のつながりができるほど、自分の仕事を単なる勤めではなく「天職」だと思えるようになり、その結果「幸福優位性」による〝競争優位性〟が生まれる。そのように波及効果が次々に生じていくのである。

一つの法則の効果が他の効果を引き起こし、単にそれぞれの寄せ集めをはるかに超えた力になる。全部が総合的に働くと、一つだけでは望めないほどの効果が得られる。

♡周辺へ波及していく

「幸福優位性」の効果は、そこで止まらない。その効用を活かせば活かすほど、周囲の人の人生にも影響が及んでいく。

近年の、「ソーシャル・ネットワークが人の行動形成に果たす役割の研究」によって、「人の行動は、他の人に感染する」という驚くべき事実が証明された。私たちの習慣、態度、行動は、複雑につながった人間関係のウェブを通して、周りの人に影響を与える。この研究を行ったニコラス・クリスタキスとジェイムズ・ファウラーは、世の中を驚かせた共著書『つながり』の中で、長年にわたる研究の結果を紹介し、人の行動は絶えず周囲に影響を与えており、しかもその影響は周囲のあらゆる人との間ではね返り続けると説明している。また「人に与える影響は、車のスポークのようにまっすぐ外側に伸びているのではない。その道は二重になっていて行ったり来たりする。またスパゲッティの山のように絡み合っていて、その中を縫うように走っているので、スパゲッティと同じように皿から出て行くことがない」と述べている。

この研究はまた、私たちの態度や行動が、同僚や友人や家族など、直接かかわる人に影響するだけでなく、「三次の関係（友達の友達のまたその友達など）」の圏内にまで広がって行くと説明している。だから、私たちが自分の暮らしの中で「七つの法則」を使ってポジティブな変化を生み出すと、知らないうちに信じられないほど多くの人の行動を形作ることになる。ジェイムズ・ファウラーはこう書いている。「私は、自分の言動が息子に影響するだけでなく、息子の親友の母親にまで影響を及ぼす可能性があるということを知っている」

そしてこの影響は、蓄積されていく。ファウラーとクリスタキスは、普通の人の「三次の関係」の圏内には、約一〇〇〇人がいると見積もっている。これは大変な波及効果である。自分自身がより幸せで成功するように努めれば、周囲にいる一〇〇〇人の生き方を改善できる可能性をもつことになる。

みなさんはいま、それはいくらなんでも現実離れしている、と思っているかもしれない。私たちの行動がなぜそれほど伝染性があるのか、また影響力がなぜそれほど強力なのかを理解するために、まず私のお気に入りの実験を一つ紹介しよう。

♡微笑みが脳に起こす変化

私はたいていの講演を始める前に、聴衆に二人ずつのペアを組んでもらってこんなことを言う。

「これまでみなさんが他に秀でてこられたのは、みなさんがもっている優れた自制心のおかげです。みなさんはその自制心によって、勉強して進級し、大学に受かり、就職し、エグゼクティブとしてここに集まるほどの地位を勝ち取ってこられた。では、二〇年間に培ってきた自制心を総動員して次のようなことをしていただきたい。これから七秒間、ペアの相手が何を言おうが何をしようが、決して感情的な反応を示さないこと。怒らない、悲しまない、イライラしない、微笑しない、笑わない。何があっても完全に無表情でいてください」

それから、各ペアの片方の人に、「相手の目を見てにっこりと心から微笑んでください」と言う。

私はこの実験を世界中の企業で何百回もやっている。受講者は、緊張の取れない新入社員から、扱いにくい古参社員までいろいろである。しかし結果は、毎回必ず同じだ。相手の微笑みに、微笑み返さずにいられる人間はいない。たいていの人は、たちまち笑い出してしまう。大規模なリストラが行われている最中でも、株式市場が六百ポイントも暴落した日でも、まったく関係ない。誰の顔にも自然に微笑みが生まれる。人々があまり笑わないとされている国でも、八〇から八五パーセントの参加者は、微笑まずにはいられなかった。

考えてみれば、これは実に驚くべきことだ。これらの参加者が一日に一〇時間も一六時間も仕事に集中でき、グローバルチームを率い、数百万ドルのプロジェクトを指揮できるだけの自制心と集中力があるなら、たった七秒間、無表情を保つくらいのことがなぜできないかと思うだろう。しかし実際にはそれができない。本人も意識していないある変化が脳の中で起こるからだ。このミステリアスな力が、波及効果を起こすのである。

♡「鏡よ、鏡……」

二月のある金曜の夜のこと、オーストラリアの空港に降り立った私は、かなり疲れてはいたが、初めて地球の反対側に来たことに興奮していた。月曜日からはシドニーのダウンタウンで開かれるエグゼクティブ研修が始まるので、この週末はオペラハウスとコアラパーク、ハーバー・ブリッジを見ようと考えていた。しかし、まずは出張のときに決まってすることをしようと、ホテルに向かった。それは、地元のバーを見つけ、地元のスポーツを観戦し、地元の人々のおしゃべりを聞くことだ。バーでは、ちょうどテレビでラグビーの試合が始まるところで、私は運よく、人々がテレビの周りに集まってくる直前に、空いているスツールに腰を下ろすことができた。

試合が始まったとたんに、一人の選手が信じられないほど弓なりにのけぞって、仰向けに激しい勢いで倒れた。ボールを手に持って走りかけたときに、別の選手の肘が顔に当たったのである。バーにいた客たちから一斉にうなり声が漏れた。右隣にいた客は自分の顔の、その選手が一撃を浴びたのと同じ場所に手を当てている。見ると、その向こうの男もまた同じ動作をしている。そして驚いたことに私もまた同じことをしていた。

試合は、私たちのいるシドニーのバーから八〇〇キロも離れたブリスベンのスタジアムで行われている。ここにいる人たちはラグビーのピッチにいるわけでもなく肘の一撃をくらったわけでもない。それでも私たちはみな無意識のうちに、まるで自分の顔に肘が当たったかのような身体的反応を示した。

このバーで起きた現象は、私の「微笑みの実験」で起きる現象とまったく同じである。だが、科学者たちが脳の内部を覗く技術を手にして、この現象の背後にある理由を明らかにできるようになったのは、わずかここ一〇年ほどのことでしかない。彼らが発見したのは、「ミラーニューロン」と呼ばれる脳細胞だ。これらは、他人の感情、行動、身体的感覚などを、自分の感覚のように感じて模倣するための特別の脳細胞である。

たとえば、誰かの身体を針で刺せば、その人の脳の「痛み中枢」の神経細胞は即座に活性化する。これは別に驚くほどのことではない。しかし驚くべきは、その人が、誰か他の人が針で刺されたのを見たときにも、自分が刺されたのと同じ神経細胞が活性化するということだ。つまり、その人は触られてもいないのに、針の痛みを実際にかすかに感じるのである。信じられないというだろうが、こういうことは、痛みのほかにも、恐怖、幸福感、嫌悪などさまざまな感覚についても起こり、ほかの数多くの実験によって確認されている。

実際、みなさんもこういうことを日々経験しているはずだ。テレビでゴルフ番組を見ていて、無意識にゴルファーのスイングの方向に身体が動いたことがないだろうか。もちろん意識は、自分がソファに座っていてポテトチップを食べていることを認識しているのだが、ミラーニューロンのある脳の一部が、自分がグリーン上にいるように錯覚してしまうのである（このことは、スポーツ選手がトレーニングのビデオを見たり、スポーツのテレビゲームをしたりする理由の一つである。実際の練習をしなくても、練習の効果が脳の配線に組み込まれる）。

ミラーニューロンは運動ニューロンのすぐ隣にあることが多いので、感情が伝染すると行動もまた伝染しやすい。だから、つい無意識のうちにゴルフクラブを振るような動きをしてしまうのである。微笑みが人に伝染するのも、親が変な顔をしてみせると赤ちゃんが自然にまねするのも、ラグビー選手が顔に肘鉄をくらったのを見て、シドニーのファンが痛そうに顔に手をやるのも、みなそれが理由である。

♡同僚には伝染性がある

この現象は、体の感覚や行動に限ったものではない。この同じミラーニューロンのおかげで、私たちの感情もまた非常に伝染性がある。脳は日々、周りの人の感情を常に情報処理している。相手の声の抑揚を気に留めたり、人の目の奥にあるものを感じ取ったり、誰かの肩が落ちているのに気づいたりする。小脳扁桃は、たった三三ミリ秒で相手の顔から感情を読みとることができ、自分にもそれと同じ感情を生じさせる。人はこの無意識の情報処理だけでなく、意識的にも周りの人の気分を見きわめ、それに合わせた行動を取る。意識と無意識、両方のプロセスによって、感情は人から人へ瞬時に飛び移ることができる。研究によると、初対面の三人を会わせると、最も感情表現が豊かな人の気分は、わずか二分で他の二人に伝わるという。

だが感情に伝染力があるということは、表に現れたネガティブな感情もまた、瞬時に周りの人に影響を与えるということである。ダニエル・ゴールマンはそのことを、実に的確に説明している。「有害な感情はその本人から漏れ出し、まるで受動喫煙のように、そばにいる無実の人をその犠牲にする」、つまり、不安やネガティブなマインドセットを持っていると、本人の意思に関わりなく、それが他の人とのすべてのやり取りの中に浸み出してくるということだ。

会議室に上司が見るからに険悪な表情で入ってくると、たちまちその気分が部屋中に広がるということを、みなさんも経験しているだろう。そして出席者は会議の後、その険悪なムードを自分のオフィスに持ち帰り、会う人ごとにそれを広める。こうして負のオーラが波及していく。たった二分で影響が生じるのであれば、ネガティブ感情を表情に表す人と、二週間もあるいは二年間も同じところで働いていたらどんなことになるだろう。

組織心理学者によると、感情は共有される度合いが非常に強いので、職場には特有の「グループ感情傾向」が生まれるという。長い年月のうちに共通の「感情規範」が作られ、それは所属する社員の言語的、非言語的行動によって拡散され強化される。みなさんも、有害な「感情規範」に毒されている職場を見たことがあるのではないだろうか。そういう職場はそのために業績が損なわれているということも、私たちはすでに知っている。

♡「ハピネス・アドバンテージ」を広げる

だがありがたいことに、ポジティブ感情もまた伝染する。これは、職場の業績の向上をめざす上で、頼もしいツールとなる。ポジティブ感情は、その人のしぐさ、声の調子、顔の表情などを、周りの人が無意識にまねることによって伝染していく。これは意外に思うかもしれないが、人は、何らかの感情に結びついた声や表情をまねると、同じ感情を覚えるのである。たとえば微笑むと、その行動が脳に自分が幸せであると錯覚させるので、神経化学物質が生じ、それがその人を実際に幸せにする。これを心理学者は「顔面フィードバック仮説」と呼ぶ。「そうふるまっていれば、そうなる」というアドバイスはこれに基づいている。もちろん偽の幸福感は本物の幸福感には及ばないが、先に行動（あるいは顔の表情や姿勢でもいい）を変えれば、感情もまた変化するということは、明解に証明されている。

だから、周囲の人がみな幸せになれば、自分もまた幸せになる。愉快な映画を映画館で大勢の人と一緒に見て、みなが笑うと、一人で見るときよりもたくさん笑うのはそういう理由だ。だから、テレビのコメディ番組では、笑い声を流すのである。同様に、自分が職場で幸せであるほど、同僚やチームメンバーや顧客に、より多くのポジティブ感情を伝えることになる。そして最終的には、チーム全体の気分をポジティブな方に傾けることができる。

イェール大学の心理学者シーガル・バルサードは、このポジティブ感情のドミノ効果を、誰よりも完ぺきに実証して見せた。実験協力者を集めてグループ作業をしてもらうのだが、その中の一人にこっそりと、周囲にはっきり分かるようにポジティブにふるまうように指示した。それから作業の様子をビデオで撮影し、初めから終わりまで各メンバーの感情の動きを追跡した。また各メンバーとグループの、作業の成果も評価した。

その結果は驚くべきものだった。ポジティブにふるまう人が部屋に入ってきたとたん、そのムードはたちまち伝染し始め、部屋中の人に影響した。ポジティブなムードはメンバー個人の仕事ぶりも、グループ作業を行う能力も高めた。ポジティブなメンバーが加わったチームはいずれも、それをしなかったグループに比べ、グループ内の対立も少なく、協調的で、一番重要な仕事の成果も総合的に優れていた。チーム内にたった一人、ポジティブな人、つまり「幸福優位性」をもたらす人がいるだけで、周りの人の個人的な態度や仕事の成果だけでなく、グループ全体の力学も業績もその影響を受けるのである。

もちろん、グループのムードに大きな影響を与えられる人とそうでない人がいる。まずその人がもともと表情豊かであれば、その人の心の状態や気分が広がりやすい。しかしポジティブな感情を公然と表現することが性に合わないという人の場合には、ほかにも方法がある。たとえば、相手とのつながりを強めるほど、影響力は大きくなる。親しい友達と一緒に過ごすとき、気持ちが互いに同調していることを感じるだろう。これは、二人の脳の感情中枢の神経活動が、互いをまねし合ってやがて同調するからである。同じ曲を二台のピアノが奏でているようになる。一緒に廊下を歩いていると、腕や足の動きさえも合ってくる。二人の心が通い合うことが、人とのつながりの基礎であり、「幸福優位性」を拡げるためのパイプになる。

心が通い合うためには、相手に対する十分な関心と温かい思いやり、それに協調的な対応がなくてはならない。心が通い合っていると感じれば、幸福感を覚えるだけでなく、生産的になり仕事がうまくいく。心が通い合っている社員たちは、より創造的に効率的に考えるので、チームとしても高度の仕事ぶりを発揮する。メンバーの思考が同調するので、彼らの脳はまさに一つになって働くのである。

人間関係に投資すればするほど、こういう心の通い合いを得られやすくなる。すると行動がさらに伝染する。高い業績につながるようなマインドセットや習慣を持てば、同僚、友人、愛する人の中にそういうマインドセットや習慣を送り込むことになる。

経済学者のブルース・サチェルドは、ダートマス大学の学生を対象にした研究によって、この影響がどれほど強力なものかを示して見せた。「これらの学生は、よい学習習慣も悪い学習習慣も互いに影響を与えるようだ。成績のよい学生が、できの悪いルームメイトの平均点を引き上げることもある」と書いている。

信頼関係を築いて、影響を及ぼすための一つの方法は「アイコンタクト（目を合わせること）」である。お互いの目をしっかりと見合ったとき、二人の間の信頼関係は強化されるという研究結果がある。「必ず相手の目を見て話せ」という昔からの商売の知恵は、科学的にも正しいアドバイスだったことになる。だからカップルはしょっちゅう「話しているときはこちらを見て」と言うし、相手の目を見ているときにオルガズムも強まるのである。アイコンタクトは、ミラーニューロンを発火させ、そうすると会議室でもベッドルームでも、よりよい成果が上げられるということになる。

ポジティブ感情の感染力は、リーダーの立場にあれば何倍にもなる。研究によれば、リーダーがポジティブなムードであれば、部下もポジティブになりやすい。そうすると協調的に助け合うようになるので、より少ない努力で効果的に仕事を成し遂げることができる。不機嫌な顔つきの上司、あるいは不安な表情の上司の近くに長時間いれば、部下はもともとどういう気分だったかにかかわらず、悲観的になりストレスを感じるようになる。

上司が「七つの法則」によって自分自身の幸福感を高めれば、部下はそばにいるだけで、恩恵を受けられる。幸福感が増すだけでなく、それに付随して生じるすべての優位性を得ることになる。これまでに説明してきた通り、ポジティブな気分の人は、クリエイティブに論理的にものごとが考えられ、複雑な問題解決にも熱心に取り組み、交渉もうまく運ぶことができる。

ポジティブ感情の表出度が高いと判定されたCEOの部下たちが、幸福感が高く、職場の雰囲気が仕事の成果に影響していると答えているのも当然だろう。スポーツチームを対象とした同様の研究でも、幸せな選手が一人チームにいれば、全体の雰囲気に影響を及ぼすことができ、チームの幸福度が高ければ、試合の成績もいいということが分かった。だからリーダーは、リーダーシップの方法を特に変えなくても、「七つの法則」を使って自分自身の幸福度を高めれば、チーム全体のグループ力学を変化させ、仕事の成果を上げることができる。

つまり、「手本を示して導く」という教訓は、空っぽの言葉ではないということだ。自分が生活の中で「七つの法則」を実行していれば、知らないうちにそれが最も効果的なリーダーシップの手段になる。

あるエグゼクティブは、毎晩眠りにつく前に「感謝のリスト」を書いている。それによって朝のチームミーティングのときには、ポジティブになる機会をたくさん見つけられるようなマインドセットになっている。心がそういう状態だと、部下の仕事を褒めずにいられない。

（a）褒められた部下の脳にはポジティブ感情が生じ、クリエイティブに効果的にものを考えられるようになる。

（b）部下はまた、小さいことでも何かをやり遂げたという感覚をもち、さらにもっと難しい仕事に挑戦しようという自信が生まれる。

（c）部下との間の上質のつながりが、これをきっかけにでき始める。

こうしてグループ全体の結束と組織に対する責任感がしっかりと根付く。こうして、ポジティブ感情の恩恵を受けた部下は、さらにそれぞれの部下にポジティブ感情を伝え、それが広まって組織全体がその恩恵を受ける。経営陣の一人が自分の家で始めたエクササイズが、組織のすべてのレベルにその影響を及ぼすことになるのである。

♡どんな大波も小さな動きから始まる

ある場所で一匹の蝶が羽をばたつかせることが、地球の裏側にハリケーンをもたらすことができると言われてきた。この論理は「バタフライ効果」として知られている。蝶の羽の動きはかすかなものだが、わずかな風を生じる。それがどんどんスピードと力を増していく。言いかえれば、非常に小さな変化が大きな変化につながることがあるということだ。

私たちもまた、この蝶のようなものだ。よりポジティブなマインドセットをめざす小さな努力が、組織全体、家族、コミュニティに、幸福感のさざ波を送り出すことができる。パートⅠで、自分にどれほどの可能性があるかを本当に知ることはできないという話をしたのを覚えているだろうか。このさざ波効果は、私たちの影響力にも能力にも、目に見える限界はないということのいい例である。

「幸福優位性」を活用することは、自分自身が幸福や成功を得るだけでなく、それよりはるかに重要なことをしていることになる。本書で紹介した法則から自分が恩恵を受ければ受けるほど、周りの人もまた恩恵を受ける。法則1では、心理学の分野におけるコペルニクス的転回の話をした。コペルニクスが、地球が太陽の周りを回っていることを発見したように、ポジティブ心理学と神経科学の進歩によって、幸福が成功の周りを回っているのではなく、本当は成功が幸福の周りを回っているのだということが証明された。

そして、この最後の章で見てきたように、この発見は想像以上に革新的なものである。私たちの幸福の周りを回っているのは、私たち自身の個人的成功だけではないということが分かったからだ。自分に変化を起こすことによって、「幸福優位性」の恩恵を、チームや組織全体、周りにいるすべての人に届けることができる。

あとがき

この本を書く過程で一番楽しかったのは、この謝辞を書いている時間だ。本書の内容の一字一句が、これまで私の人生にかかわったすべての人々のおかげで形作られているのだということを再認識し、気持ちが高揚すると同時に謙虚な気持ちになった。本書がその方たちの思いが伝わるように書けていることを願う。

まず誰よりも、私の恩師であるタル・ベンシャハー博士に感謝したい。博士に最初にお会いしたのは、ハーバード・スクエアにあるカフェだった。「幸福」に関する新しいクラスについて相談を受けたのである。穏やかで親切で、押しつけがましいところのない人だという印象だった。この初対面の控えめな先生がのちに、ハーバード大学全体を、そして私の人生を大きく変えることになるとは、そのときには知る由もなかった。トールサイズのコーヒー一杯を飲む間に、先生は私の世界をすっかり違う方向に向けてしまった。私は、自分が神学校で学んだ宗教倫理が、ポジティブ心理学が追究する問題といかに通い合うものがあるかということを、先生のおかげで理解したのである。先生はそれからずっと、私の成長を見守り、失敗は大目に見てくれた。私は日々、先生と知り合えたことを感謝している。先生に出会えなければ、この分野で働くことも、この本を書くこともなかった。

次に、エリザベス・ピーターソンに感謝したい。彼女はハーバードのポジティブ心理学クラスの教え子で、のちに私のコンサルティング会社に加わってくれた。彼女もベンシャハー博士同様、ポジティブ心理学の熱い信奉者で、ポジティブ心理学は単なる学問分野にとどまることなく、広く世の中で活用されるべきだと考えている。エリザベスはこの本を一年がかりで丹念に校正してくれて、その大変な仕事をしながら、真の友人として私を支えてくれた。

両親にも感謝している。母は高校の英語の教師で、いまはベイラー大学で新入生のアドバイザーをしている。父はベイラー大学の心理学教授である。私は両親から、学ぶ喜びと教える喜びの両方を教わった。また妹のエイミーと弟のボボは、私が二年間にわたって四五カ国を飛び回っていた間も、応援し続け、自分には帰る家があるのだということを思い出させてくれた。

学問の世界を愛するように導いてくれた公立高校の教師、ホリス先生にもお礼を言いたい。またハーバード大学で出会った素晴らしい先生、ブライアン・リトル教授にも感謝している。私は教授のティーチングフェロー（教育助手）を務めながら、名授業の技を学ぼうと必死に勉強した。ベンシャハー先生と私を励ましてくれたフィル・ストーン教授、私を研究室に参加させてくれ、学界の規範にとらわれずに考えることを教えてくれたエレン・ランガー教授にもお礼を言いたい。また、この本を出版できるようにしてくれた著作権代理人のラフェ・サガーリンにも感謝している。ベンシャハー博士が、彼が最高だと推薦してくれたのだが、その通りだった。この本を評価してくれたブロードウェイ・ブックスのロジャー・ショール、優れた洞察力で根気よく校正をしてくれた同じくブロードウェイのタリア・クローンにも感謝している。

ＹＰＯ（若手経営者の組織）のおかげで、アジアから南米まで世界中の新しい友人に会うことができたのは大変ありがたいことだった。サリム・デュージは私の長年の夢だったアフリカを回る講演ツアーを企画してくれた。またＵＢＳのマイケル・ブリーベルグと、ＫＰＭＧのリザンヌ・バイオロスの友情に感謝している。彼らは私をそれぞれの会社に招いて理論をテストさせてくれた。ジョン・ガルヴィンとスティーブン・シュラギスは私を教室から引き出して、「ワン・デイ・ユニバーシティ（成人向けの教養講座）」で講演するという仕事への道を開いてくれた。「インターナショナル・スピーカーズ・ビューロー」のマイケル・レモンズとグレッグ・カイザー、グレッグ・レイにも感謝している。彼らは私を仲間に入れ、また講師陣の指導にも心を砕いてくれた。「ワシントン・スピーカーズ・ビューロー」の仲間たち、および「スピーキング・マターズ」のＣ・Ｊ・ロノフは、本書のメッセージを世界中に広めることを手助けしてくれた。キャリー・カラハンは、ＰＲを担当してくれた。「エンタープライズ・メディア」のディニ・コフィンとスチュワート・クリフォードは、本書の内容をビデオに作ってくれた。

私は、とてもここに書き切れないほど多くの友人のネットワークに恵まれた。しかし次の人たちは特に名前を挙げて感謝したい。この一年間の幸せと成功には彼らの友情と励ましが不可欠だった。アンジー・コバン、アリア・クラム、ローラ・バビット、マイク・ランパート、ジェシカ・グレイザー、マックス・ワイズバッシュ、アマンダ・ユーマンズ、ジュディ＆ルス・ミラー、キャロライン・サミ、カレブ・メルクル、オリビア・シャブ、ブレント・ファール。

これまで「謝辞」というものを書いたことがないという人は、いつか午後の時間を空けて、書いてみるといい。自分がこんなにも多くの人に愛され、助けられて仕事をしているのだということが分かって、幸せで謙虚な気分になれる。

この本がまた、新たな友情と人間関係をもたらしてくれることを楽しみにしている。

ショーン・エイカー

●著者紹介
ショーン・エイカー（Shawn Achor）
グッドシンク代表。ハーバード大学修士号。ポジティブ心理学の第一人者のひとり。ハーバード大学で学生の評価が最も高いポジティブ心理学講座をタル・ベンシャハー博士のもとで担当し人気講師となる。コンサルティング会社グッドシンクを立ち上げ、グーグル、マイクロソフト、ファイザー、UBS、KPMGなどの著名企業で成功と幸福の関係についての実証研究を行いながら、世界45カ国で講演やレクチャーを行う。
http://www.shawnachor.com/

●訳者紹介
高橋由紀子（たかはし・ゆきこ）
慶應義塾大学文学部卒。米国カリフォルニア州に在住ののち、帰国してJETRO、オーストラリア大使館などで日本語教師に。その後、翻訳家となる。おもな訳書に『ポジティブな人だけがうまくいく3:1の法則』（日本実業出版社）などがある。

幸福優位7つの法則
仕事も人生も充実させるハーバード式最新成功理論

第一刷　2011年8月31日
第十六刷　2024年5月10日

著者　ショーン・エイカー
訳者　高橋由紀子
発行者　小宮英行
発行所　株式会社 徳間書店
東京都品川区上大崎3-1-1　目黒セントラルスクエア
郵便番号 141-8202
電話　編集（03）5403-4344　販売（049）293-5521
振替　00140-0-44392
印刷・製本　株式会社広済堂ネクスト
カバー印刷　真生印刷株式会社

ISBN978-4-19-863235-9